漢字の国の大ぼうけん
クイズで
楽しく
おぼえる本
三年生
JN027783

漢字の世界の地図

ここは漢字の世界。ここには漢字のせいれい・カンジュウたちがくらしています。カンジュウたちは、ブシュー大りくを中心に、それぞれの部首ごとにさまざまな国に住んでいます。

どんなカンジュウたちがいるのでしょうか。
ページをめくって、カンジュウに出会うぼうけんに出かけましょう!

動きなどに関係する部首をもつカンジュウがたくさん住んでいる国。ゴンベン島やココロ島、チカラ島もある。

▶▶▶2章を見よう!

ウゴーク国

ヒトヒト国

人や体に関係する部首をもつカンジュウたちがたくさん住んでいる大きな国。漢字の世界の中でもっとも大きな城がある。

▶▶▶1章を見よう!

ヒナビタ国

場所などに関係する部首をもつカンジュウの住む国。発展した都会と美しい農村がある。

ミール国

食べることに関係する部首をもつカンジュウが住む国。有名なレストランがある。

▶▶▶4章を

この本の使い方

この本は、小学校3年生で習う漢字200字を、**部首ごとに分けて**しょうかいしています。すべての漢字をキャラクターにしているので、**キャラクター図かんのように最初から読んで**、それぞれの漢字がどんなキャラクターになっているかを楽しむこともできますし、**知りたい漢字や、その日学校で習った漢字を調べる**のに使うこともできます。

その漢字のおぼえ方やその漢字を使った言葉の例文を知ることができます。

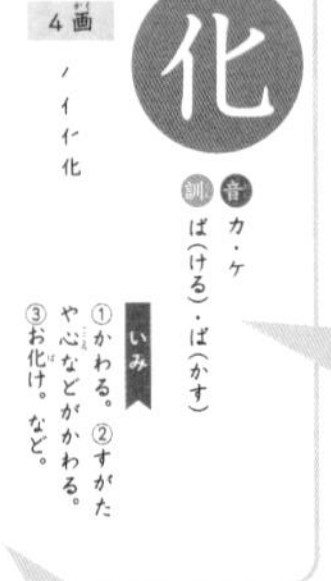

その漢字の読み方、書き順、意味、その漢字を使った言葉の例を知ることができます。読みは小学生で習うものだけをのせています。

漢字のキャラクターとキャラクターの説明です。2、3ページの地図と合わせてみると、漢字の世界をもっと楽しめます。

部首って何？

部首とは漢字を作る主な部分です。その漢字の部首が何かがわかっていると、漢字がおぼえやすくなります。また、漢字辞典で漢字をさがすのも楽になります。

クイズで漢字をおぼえよう！

本の中に「カンジュウにちょうせん！」というクイズコーナーがあります。楽しいクイズにちょうせんして、漢字をおぼえましょう。

カンジュウにちょうせん！ 1

□に体の一部の漢字を入れて、四この漢字を完成させよう！

① 白□ ② □⺢ ③ 𠂉□八 ④ 禾□

知りたい漢字のあるページをさがすときは？

5ページから始まる目次や、136ページからの「音訓さくいん」でさがしましょう。

「音訓さくいん」は、漢字の読みからさがすことができます。

読み	漢字	ページ
あ		
あい	相	22
アク	悪	57
あ(く)	開	104
あ(ける)	開	104
あじ	味	25
あじ(わう)	味	25
あそ(ぶ)	遊	49
あたた(か)	温	69
あたた(かい)	温	69
あたた(まる)	温	69
あたた(める)	温	69
あつ(い)	暑	93
あつ(まる)	集	92
あつ(める)	集	92
あぶら	油	66
あらわ(す)	表	118
あらわ(れる)	表	118
あ(る)	有	38
アン	暗	94
	安	98
い		
イ	委	21
	意	58
	医	105
いき	息	56
イク	育	38
いそ(ぐ)	急	56
いた	板	74
いのち	命	26
イン	員	27
	院	105
	飲	113
う		
う(える)	植	75
う(かる)	受	36
う(ける)	受	36
うご(かす)	動	61
うご(く)	動	61
う(つ)	打	32
うつく(しい)	美	90
うつ(す)	写	133
うつ(る)	写	133
う(わる)	植	75
ウン	運	48
え		
え	重	109
エイ	泳	65
エキ	駅	89
お		
オウ	央	20
	横	76
お(う)	追	47
	負	120
お(える)	終	116
お(きる)	起	49

目次

1章 ヒトヒト国のなかまたち

人や体に関係する部首の漢字

2章　ウゴーク国のなかまたち

動きなどに関係する部首の漢字

④走［そうにょう］の漢字

大きく手足を広げた人と足を合わせた形からできた部首。
「走る」「とび上がる」の意味に関係する漢字が多い。

起 49

⑤癶［はつがしら］の漢字

両足の形からできた部首。足で進むという意味がある。

発 51　登 51

⑥立［たつ］の漢字

両足で地面に立っている人の様子からできた部首。

章 52　童 52

⑦欠［あくび］の漢字

口を開けて体をかがめた人の様子からできた部首。
「かがめる」「へこむ」という意味に関係する漢字が多い。

次 53

⑧言［ごんべん］の漢字

刃物と口の形からできた部首。言葉に関係のある漢字が多い。

詩 54　談 54　調 55

⑨心［こころ］の漢字

心臓の形からできた部首。心や気持ちに関係する漢字が多い。

急 56　息 56　悪 57　悲 57　意 58　感 58

想 59

⑩力［ちから］の漢字

力をこめたうでの形からできた部首。「力をこめる」「はたらく」という意味に関係する漢字が多い。

助 60　勉 60　動 61　勝 61

3章 シゼーン国のなかまたち

自然や生き物などに関係する部首の漢字

⑧金［かねへん］の漢字

土の中に金属がある様子からできた部首。金属や金属で作ったものに関係する漢字が多い。

鉄 85　銀 85

⑨山［やま］の漢字

山の形からできた部首。山に関係する漢字が多い。

岸 86　島 86

⑩川［かわ］の漢字

川が流れる様子からできた部首。

州 87

⑪穴［あなかんむり］の漢字

土をほって作った家の形からできた部首。「あなをほる」などに関係する意味の漢字が多い。

究 87

⑫牛［うしへん］の漢字

牛の頭の形からできた部首。

物 89

⑬馬［うまへん］の漢字

馬の形からできた部首。乗り物や馬の動きに関係する漢字が多い。

駅 89

⑭羊［ひつじ］の漢字

羊の頭の形からできた部首。羊の様子に関係する漢字が多い。

羊 90　美 90　着 91

⑮羽［はね］の漢字

二まいの鳥の羽の形からできた部首。羽に関係する漢字が多い。

習 91

⑯隹［ふるとり］の漢字

太った鳥の形からできた部首。鳥のじょうたいや性質に関係する漢字が多い。

集 92

⑰辰［しんのたつ］の漢字

貝が口を開けてふるえている様子からできた部首。

農 92

4章　カオク国、ヒナビタ国、ミール国、モノモノ国、漢字神殿のなかまたち

場所や物などに関係する部首の漢字

⑥阝［こざとへん］の漢字

つみ上げた土の様子からできた部首。「つみ上げた土」「階段」に関係する漢字が多い。

⑦阝［おおざと］の漢字

「むら」の意味を表す部首。地名や人のいる場所に関係する漢字が多い。

⑧里［さと］の漢字

田と土を合わせた部首。たて横のすじをつけて整理した田畑や人の住むところを表している。

⑨田［た］の漢字

四角く区切った田んぼや畑の形からできた部首。田んぼや畑に関係する漢字が多い。

⑩禾［のぎへん］の漢字

イネなどのほがたれた様子からできた部首。イネなどの作物や作物の様子に関係する漢字が多い。

⑪豆［まめ］の漢字

食べ物をもる足のついた器の形からできた部首。

⑫飠［しょくへん］の漢字

ごはんをもった器にふたをしたものとさじを合わせた形からできた部首。「食べ物」「食べる」に関係する漢字が多い。

⑬酉［とりへん・ひよみのとり］の漢字

酒を入れるつぼの形からできた部首。酒に関係する漢字が多い。

⑭皿［さら］の漢字

皿の形からできた部首。入れ物にもるなどの意味に関係する漢字が多い。

⑮糸［いとへん］の漢字

細い糸の形からできた部首。糸や織物に関係する漢字が多い。

1章

ヒトヒト国のなかまたち

人や体に関係する部首の漢字

化

4画

ノ　亻　亻'　化

音 カ・ケ

訓 ば（ける）・ば（かす）

いみ

①かわる。②すがたや心などがかわる。③お化け。など。

ことばのれい

化学、化石、強化、消化、進化、文化

おぼえかた

亻にヒー！とおぼえよう。

名前 バケルン

ヒトヒト国に現れる正体不明の化けネコ。他のカンジュウたちを化かすのがとく意。

れい文

王に仕えて大事な仕事をしておりますぞ。

仕

5画

ノ　亻　仁　什　仕

音 シ

訓 つか（える）

いみ

①目上の人のためにはたらく。仕える。②する。行う。など。

ことばのれい

仕上げ、仕組み、仕事

名前 しつ事のツカーシ

ヒトヒト国の王様に仕えている、仕事熱心なしつ事。熱心すぎて周りが見えなくなることも。

他

5画

ノ 亻 仆 仲 他

音 タ
訓 ほか

いみ
①他のこと。②自分以外の人や物。など。

ことばのれい
他人、その他

れい文
他人のことなど知らないよ。他をあたって。

名前 ホカータ

ヒトヒト国の少年。クールなせいかくで、他のカンジュウとはめったに遊ばない。

代

5画

ノ 亻 仁 代 代

音 ダイ・タイ
訓 か（える） か（わる） よ

いみ
①代わる。代える。②値段。③長い時間。④あるはんいの年れい。など。

ことばのれい
代金、代表、代理、交代、十代

れい文
ボクはヒトヒト国代表のまほう使い。代金はいらないよ。

名前 ダイマジン

ヒトヒト国のまほう使い。人がいいので、いつもだれかの代わりに仕事をしている。

住

音 ジュウ
訓 す（まう）・す（む）

7画
ノ 亻 亻 仁 件 住 住

いみ
①住む。住まい。など。

ことばのれい
住所、住人、安住、定住、住まい、住みか

れい文
おまえの住む家の住所はどこだ？

名前 スージュ

ヒトヒト国のうでのいい大工。カンジュウたちの住まいをたくさんつくってきた。

使

音 シ
訓 つか（う）

8画
ノ 亻 亻 仁 佢 佢 使 使

いみ
①はたらかせる。②使い物や人を使う。の人。など。

ことばのれい
使者、使命、使用、使い道

れい文
ワタシは使える男。大事な使命をきっとはたしますぞ。

名前 ツカエール

王の重大な使命を受けて、ヒトヒト国を旅立った使者。どんな使命かは内しょ。

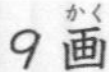

9画

ノ　亻　亻′　亻ˊ　伾　伾　俘　係　係

音　ケイ

訓　かかり　かか（る）

おぼえかた

亻ノ糸（系）で係とおぼえよう！

名前　カカリ・ケイ

ヒトヒト国の城で生き物係やおもてなし係など百この係をかけ持ちしている。

いみ

①関わりを持つ。つながりを持つ。②係。受け持ち。など。

ことばのれい

係員、生き物係、関係

倍

10画

ノ　亻　亻′　广　亻ˊ　伫　倅　倅　倍　倍

音　バイ

訓　—

おぼえかた

亻に立つ口　バーイ（倍）！　とおぼえよう。

名前　バイバーイ

ヒトヒト国のお城の金庫番。宝くじを当てて、ちょ金を百倍にふやしたことがある。

いみ

①ふえる。ふやす。②もとの数と同じ数をくわえる。など。

ことばのれい

倍増、二倍

全

6画

ノ 𠆢 亼 仝 伞 全

訓 音

ゼン

まった（く）・すべ（て）

いみ

①全く。本当に。
②全て。
③欠けたところがない。など。

ことばのれい

全員、全国、全体、全部、全力、完全

おぼえかた

𠆢にオウ（王）！とおぼえれば全くカンタン！

名前 マッタクさん

ヒトヒト国の王様に仕える学者。お城にある本は全部、完全に暗記している。

央

5画

丨 冂 口 央 央

訓 音

—

オウ

いみ

真ん中。

ことばのれい

中央

おぼえかた

ワッ大きい！とおぼえよう。

名前 ダイオウ

ヒトヒト国の住民。人気者でいつもみんなの中心。どこに行ってもみんなの中央に立っている。

委

8画

一 二 千 禾 禾 禾 委 委

音 イ
訓 ゆだ（ねる）

いみ
①任せる。他の人にやってもらう。②くわしい。など。

ことばのれい
委員、委ねる

おぼえかた
わたしはのんき（ノ木）な女。でもやるときにはやるよ。

名前 イインチョ

ヒトヒト国議会の委員長。のんびり屋だけれど、様々な仕事を委ねられている秀才。

始

8画

く 女 女 女 如 始 始 始

音 シ
訓 はじ（まる） はじ（める）

いみ
①始まり。もと。②始める。始まる。など。

ことばのれい
始業、始終、始発、開始、年始

れい文
一年の始まりを年始と言うよ。

名前 シーちゃん

イインチョ〈委〉の人形だったが、まほうでカンジュウに。始発列車に乗るのがしゅ味。

県

音 ケン
訓 —

9画

丨 冂 冃 月 目 目 㫐 县 県 県

いみ
日本を四十七に分けた都道府県の県。

ことばのれい
県内、県民、都道府県

昔は縣と書いたが、面どうなので、県と書くようになったのだ。

名前 ケンミーン

ヒトヒト国カラダ県の県知事（県のいちばんえらい人）。ちょっとえらそう。

れい文

相談があるなら、話し相手になってもいいぞ。

相

音 ソウ
訓 あい

9画

一 十 才 木 朩 朷 相 相 相

いみ
①姿かたち。様子。②たがいに。いっしょに。など。

ことばのれい
相談、相当、相変わらず、相手

名前 アイボー

ヒトヒト国カラダ県のま女。かなり長く生きているので、昔のことに相当くわしい。

真

10画

音 シン

訓 ま

いみ

①本当。うそがない。②自然のまま。③全くそのものずばりの。など。

ことばのれい

真空、真実、真っ赤、真昼、真水

おぼえかた

十の目、一のひげ（八）。それが真実。

名前 マーシン

ヒトヒト国カラダ県の警察官。事件の真実を探して歩く。

鼻

14画

音 ―

訓 はな

いみ

①鼻。②はじめのもの。

ことばのれい

鼻息、鼻声、鼻先、鼻血、出鼻

大昔は、「自」だけで「はな」の意味を表していたらしいぜ。

名前 ハナビー

ヒトヒト国カラダ県の警察犬。鼻がとても利き、マーシン〈真〉とともに鼻息あらく事件を追う。

号

5画

一 口 口 旦 号

音 ゴウ
訓 ―

いみ
①大声を出す。②しるし。合図。③よび名。など。

ことばのれい
号令、記号、信号、年号、番号

れい文
カラダ県ではワタシの声が信号代わり。

名前 声信号のゴウさん

ヒトヒト国カラダ県で交通整理をしている。号令をかけて交通安全にはげんでいる。

向

6画

丿 丨 门 向 向 向

音 コウ
訓 む(く)・む(ける)・む(かう)・む(こう)

いみ
①向かって進む。面する。かたむき。②向き。

ことばのれい
向上、方向、向かい風、風向き

れい文
体力向上のためにこれからジムに向かうのだ。

名前 タコムッキー

ヒトヒト国カラダ県の海でくらすタコのカンジュウ。いつも南の方向を向いている。

7画

音 クン
訓 きみ

いみ
①国や領地をおさめる人。
②父母などをうやまう言葉。
③相手を丁寧に呼ぶ言葉。

ことばのれい
君子、君主、主君

れい文
わたしはこの国の君主。ところで、君はだれ？

名前 クーン王

ヒトヒト国の君主（王）。親しみやすい性格だけれど、命令を口に出すときははく力がある。

れい文
みんなのいぶくろの味方。味わい深い料理をつくるぞ。

8画

味

音 ミ
訓 あじ
あじ（わう）

いみ
①味。②味わい。③仲間。④もののごとの中身。など。

ことばのれい
味方、趣味、風味、味付け、味見

名前 アジーシェフ

ヒトヒト国カラダ県のコック。味見ばかりするので、出来上がるころには何も残っていない。

命

8画

ノ 𠆢 亼 亼 合 合 命 命

音 メイ

訓 いのち

いみ

①命。②言いつけ。③名づける。④めぐり合わせ。⑤目標。など。

ことばのれい

命中、命名、運命、使命、命がけ

れい文

命がけで命令する。それがわたしの使命。

名前 リーダーのメイリン

ヒトヒト国カラダ県に住む。人に命令するのが自分の運命だと思っている。

おぼえかた

和は禾の口とおぼえてくれ。

和

8画

一 二 千 禾 禾 和 和 和

音 ワ

訓 —

いみ

①おだやか。②なかよくする。③合わせる。④日本や日本風のこと。など。

ことばのれい

和紙、和食、和服、温和、平和

名前 武士のワタロウ

ヒトヒト国カラダ県に住む平和主義者のサムライ。いつも和服を着ている。和食が大好き。

9画

音 ヒン
訓 しな

いみ

①品物。いろいろなもの。
②人や物の性質や値打ち。など。

ことばのれい

品質、気品、商品、上品、品数、品物

れい文

うちの店は上品で品数が多いよ！

名前 ミクチ店長

ヒトヒト国カラダ県のデパートの店長。品質のいい商品をそろえているのが自まん。

10画

音 イン
訓 ―

いみ

①人や物の数。
②何かの仕事や役わりについている人。

ことばのれい

駅員、会員、社員、全員、店員、役員

おぼえかた

員は口に貝と書けばイーンです！

名前 駅員のイーン

ヒトヒト国のカラダ駅の駅員。乗客全員が安全に列車で旅できるようにがんばっている。

音 ショウ
訓 ―

いみ

①品物を売り買いする。
②商売をする人。など。

11画

丶 亠 亣 产 产 产 产 产 商 商 商

ことばのれい

商業、商社、商店、商人、商売、商品

れい文

わたしの商店の商品は全部で一万こあるのです。

名前 ショー店長

ヒトヒト国カラダ県の商店の店長。ミクチ店長〈品〉のライバル。とても商売上手。

音 モン
訓 と(い)・と(う)
とん

いみ

①問う。
②おとずれる。

ことばのれい

問題、問答、質問、問屋

11画

丨 冂 門 門 門 門 門 門 問 問 問

れい文

次から次へと問答む用で問いかけますよ。

名前 MCモントン

ヒトヒト国の有名なクイズ司会者。次々と問題や質問を出して解答者を追いつめる。

12画

音 シ
訓 は

いみ

①口の中にあって、食べ物をかみくだくもの。②歯のような形や役わりをするもの。

ことばのれい

歯科、歯医者、歯形、歯車、歯ならび

おぼえかた

ハーッハッハ！　オレは止まって米を口（凵）の中で食ってるぜ！

名前　ハシャーク

ヒトヒト国の海に住む歯医者。歯ならびのよさが自まん。顔はこわいが実はやさしい。

カンジュウにちょうせん！ 1

□に体の一部の漢字を入れて、四この漢字を完成させよう！

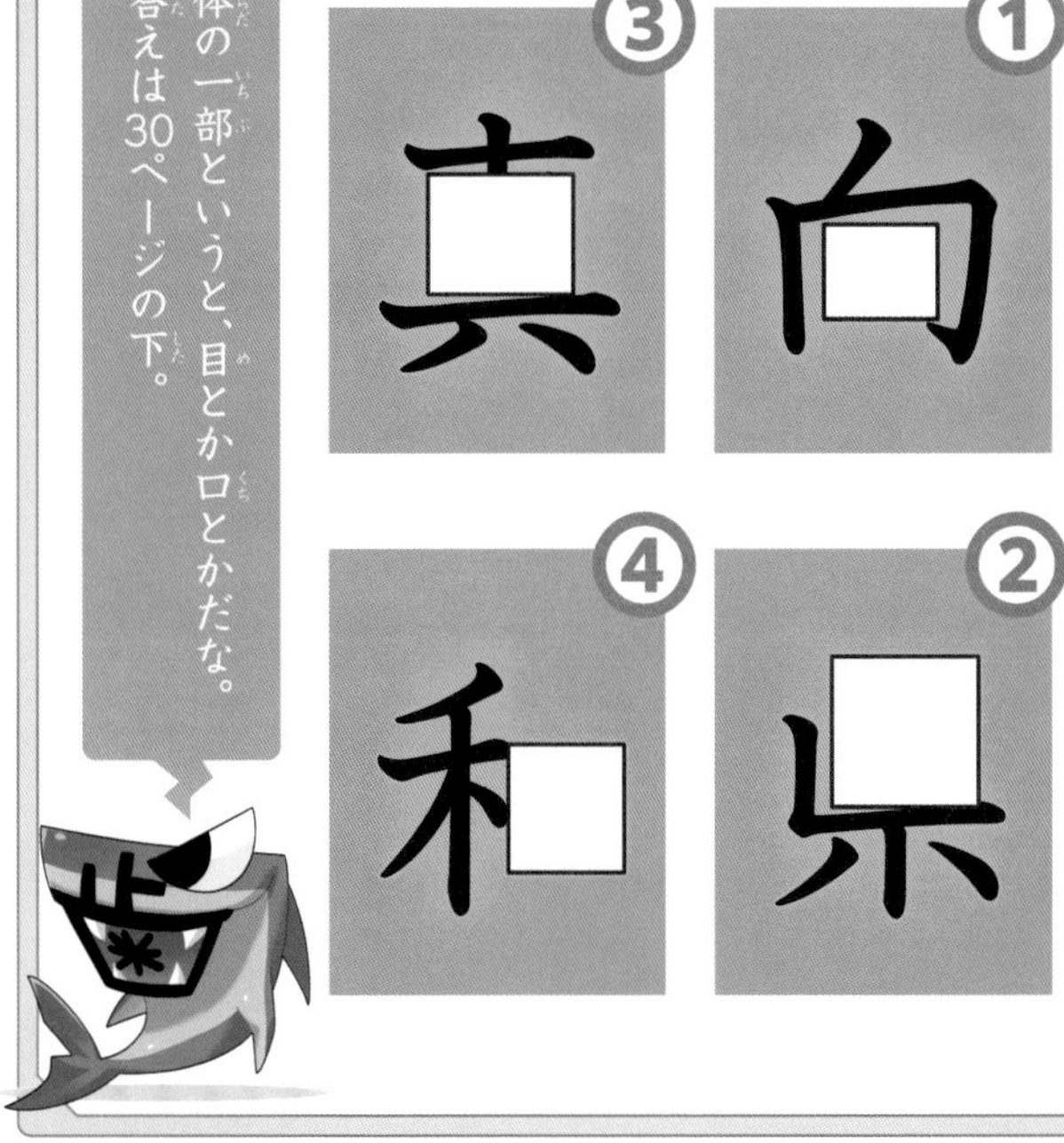

① 白の中に□
② □の下に県の下部
③ 真の中に□
④ 禾の右に□

体の一部というと、目とか口とかだな。答えは30ページの下。

面

9画

一 ア ア 丙 而 而 而 面 面

音 メン
訓 ―

いみ

①顔。②向かう。③顔にかぶるお面。④物の平らな所。⑤平たい物。⑥向き。など。

ことばのれい

海面、仮面、画面、正面、場面、表面

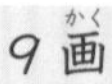

なりたち

面は頭をかこんだ形からできた漢字だって。

名前 メンメン

ヒトヒト国カラダ県に住む仮面をかぶったカンジュウ。どんな場面にも首をつっこむ。

曲

6画

丨 冂 巾 曲 曲 曲

音 キョク
訓 ま（がる） ま（げる）

いみ

①曲がる。曲げる。②素直でない。音楽のふし。など。

ことばのれい

曲線、曲名、作曲、名曲

なりたち

板を～曲げて作った～うつわの絵からできた～漢字です～。

名前 マゲール

ヒトヒト国カラダ県に住む作曲家。数々の名曲を作り、世界中にファンがいる。

【カンジュウにちょうせん！①の答え】①向（口を入れる）②県（目を入れる）③真（目を入れる）④和（口を入れる）

18画

一 口 日 日 旦 早 早 早 是 是 是 是 題 題 題 題 題 題

音 ダイ

訓 ―

いみ

①題。見出し。
②中心となる物。
③問題。

ことばのれい

題材、題名、宿題、出題、問題、話題

れい文

わたしの作品はいつも題名だけが話題になるのだ。

名前 芸術家のダイさん

ヒトヒト国カラダ県に住む芸術家。作品の題名を考えすぎて作品が完成しないのが問題。

カンジュウにちょうせん！ 2

上と下の漢字を組み合わせて、漢字二字の言葉を二つ作ろう。

使　問

命　題

「使」から始まる言葉と「問」から始まる言葉を作るよ。答えは32ページの下。

打

5画

一 扌 扌 打 打

音 ダ

訓 う（つ）

いみ

①たたく。打つ。②他の言葉の上について意味を強める。

ことばのれい

打球、打者、強打、打ち合わせ

れい文

ワタシの打った打球をとれるかな？

名前 ダーさん

ヒトヒト国カラダ県の野球チームの選手。どんな球も打つ強打の四番打者。

投

7画

一 扌 扌 扌 扌 扚 投 投

音 トウ

訓 な（げる）

いみ

①投げる。②送り込む。③与える。④投げ出す。⑤ぴったり合う。など。

ことばのれい

投球、投手、投書、投票、投薬、投げやり

れい文

投げやりにならずに投球しますよ。

名前 エースのナトゥー

ヒトヒト国カラダ県の野球チームの投手。たましいのこもった投球でおなじみ。

【カンジュウにちょうせん！②の答え】できる言葉は、「使命」「問題」

おぼえかた

てーへん（扌）でヒヒッ（匕日）とおぼえてね！

名前 子リスのサッシー

ヒトヒト国カラダ県の林に住む。指先が器用で指輪作りが得意。

9画

一 十 扌 扌 扌 扌 指 指 指

音 シ

訓 さ（す） ゆび

いみ

①指。②指さす。など。

ことばのれい

指定、指名、指先、指人形、指輪、親指

持

9画

一 十 扌 扌 扌 扌 持 持 持

音 ジ

訓 も（つ）

いみ

①持つ。手に持つ。②長く続く。など。

ことばのれい

持続、持病、持ち主、持ち物

おぼえかた

てーへん（扌）な寺に荷物を持って行くとおぼえておけ！

名前 職人のモツジ

ヒトヒト国カラダ県の職人。いろんな道具を持っている。旅行に行くときは持ち物が多い。

拾

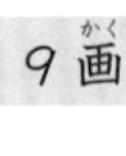

9画

一 丁 扌 扌 扴 扴 拾 拾 拾

訓 ひろ(う)

音 —

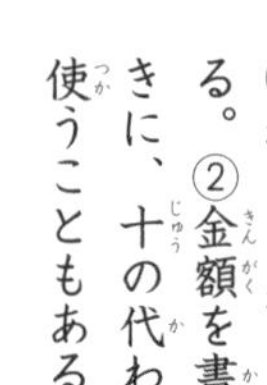

いみ

①拾う。拾い集める。②金額を書くときに、十の代わりに使うこともある。

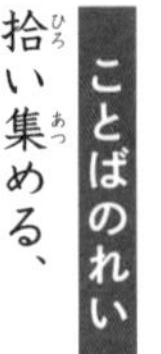

ことばのれい

拾い集める、ゴミ拾い

おぼえかた

てへん(扌)に合ったら拾いとおぼえるニョロ。

名前 ヒロニョロ

ヒトヒト国カラダ県の海岸でくらす。海岸に打ち上げられたゴミを拾うボランティアをしている。

れい文

君とは対等な立場で対決しようではないか！

対

7画

丶 亠 ナ 文 文 対 対

訓 —

音 タイ

いみ

①向かい合う。相手になる。②応える。③二つで一つになる物。など。

ことばのれい

対決、対戦、対等、対立、対話、反対

名前 ナイトのタイト

ヒトヒト国の戦士。意見の対立する者とはしょうぎの対戦で決着をつけようとする。

反

4画

一 厂 万 反

音 ハン

訓 そ（らす） そ（る）

いみ

①ひっくり返る。もとにもどる。②くり返す。③はね返る。④さからう。⑤ぎゃく。など。

ことばのれい

反感、反撃、反省、反対、反発、反面

名前 ヒーローのハンハン

ヒトヒト国で悪の組織に反対して戦うヒーロー。むねを反らしてマントをひるがえす。

れい文

反対ばかり言ってたら他の人から反感を持たれるぞ。

取

8画

一 丆 F F E 耳 耵 取

音 シュ

訓 と（る）

いみ

①取る。手に入れる。②手に持つ。手でつかむ。など。

ことばのれい

取材、取っ手、取りあつかい、取り消し

名前 記者のシュトル

ヒトヒト国の新聞記者。いつも取材に飛び回っている。スクープを取ることに命をかけている。

なりたち

取は、大昔、戦争で負けた敵の耳を切り取ったことが由来らしいですよ。

受

音 ジュ

訓 う（かる）　う（ける）

8画

丿 𠃌 𠂉 爫 爫 爫 𤓰 受

いみ

①受ける。受け取る。②引き受ける。聞き入れる。など。

ことばのれい

受験、受け入れ、受け付け、受け取り

おぼえかた

ノツワ（爫）、又、ギャグが受けたっす！

名前 芸人のノツワ

ヒトヒト国の芸人。芸人学校を受験して受かったばかりでやる気まんまん！

カンジュウにちょうせん！③

次の三つの部分を組み合わせて一つの漢字を作ろう。

扌
土
寸
てへんの漢字だね。答えは38ページの下。

路

13画

丨 口 口 ⻊ ⻊ ⻊ 𧾷 𧿒 跁 跂 跲 路 路

音 ロ
訓 じ

いみ
①道。②すじ道。③大切な地位や場所。④旅。

ことばのれい
路上、路線、水路、線路、道路、旅路

れい文
長い旅路で路上のごみをふんづけることも多いのだ。

名前 旅人のロジー

ヒトヒト国カラダ県出身の旅人。漢字の国の全ての道路と線路をせいはしようとしている。

身

7画

ノ 亻 亻 門 自 自 身

音 シン
訓 み

いみ
①体。②自分。③中身。④世の中での地位。

ことばのれい
身体、身長、自身、身近、身分、黄身

れい文
身体けんさで身長をはかったら自分自身で記録して。

名前 ドクター・シン

ヒトヒト国カラダ県の医者。身長3メートルのヘビの化身。たまごの黄身が好き。

有

6画

ノ ナ 冇 有 有 有

音 ユウ
訓 あ（る）

いみ
①有る。②持っている。

ことばのれい
有名、有利、有力、所有、有りがたい

れい文
友達が所有するギターをかしてくれた。有りがたい。

名前 ユウユウ

ヒトヒト国のゆうびん局員で有名なミュージシャンでもある。演奏する曲はロック、クラシック何でも有り。

育

8画

丶 亠 𠫓 𠫓 产 育 育 育

音 イク
訓 そだ（つ）・そだ（てる）
はぐく（む）

いみ
①育てる。②育つ。など。

ことばのれい
教育、飼育、体育、発育、子育て

れい文
発育のためには体育も大事。体をきたえましょうね。

名前 子守のイクさん

ヒトヒト国カラダ県のベビーシッター。子育て上手で、教育熱心なカンジュウ。

【カンジュウにちょうせん！ ③の答え】できる漢字は、「持」

音　ヒ

訓　かわ

5画

丿 厂 广 皮 皮

いみ

①動物や植物の外側をおおう皮。②うわべ。

ことばのれい

皮肉、皮ふ、毛皮、皮算用

れい文

皮算用とは自分のものにならないうちから当てにして、あれこれ計算すること。

名前　ヒーちゃん

ヒトヒト国カラダ県に住むカンジュウ。はずかしがり屋でいつも毛皮をかぶっている。

音　ケツ

訓　ち

6画

丿 𠂆 仂 仂 皿 血

いみ

①血。②血すじ。③強くてさかん。④血でぬれるような。

ことばのれい

血液、血管、血色、熱血、流血、鼻血

れい文

血色が良くておいしそうな血液が流れていますね。フフフ。

名前　チラキュラはくしゃく

ヒトヒト国カラダ県に住む貴族。血の色をしたトマトジュースが好き。吸血鬼ではない。

者

8画

一 十 土 耂 耂 者 者 者

音 シャ
訓 もの

いみ

①人を指す言葉。②決まったものを指す言葉。など。

ことばのれい

医者、学者、記者、若者、作者、役者

名前 シャー

ヒトヒト国の若者。縁の下の力持ち的存在。実は役者を目指している。

れい文

君は何者？ 学者？ それとも医者？ 新聞記者？

病

10画

丶 亠 广 广 疒 疒 疔 病 病 病

音 ビョウ
訓 やまい

いみ

①体が悪くなる。②悪いくせ。③あるものにひどく熱中すること。

ことばのれい

病院、病気、病室、病人、病名、急病

れい文

病気を治すには正しい病名を知る必要があるのです。

名前 ビョウ博士

ヒトヒト国の病院ではたらく医学者。カンジュウたちがかかる病気を研究している。

局

7画

「 コ 尸 月 月 局 局

音 キョク

訓 ——

いみ

①役所や会社で仕事の一部を受け持つ所。②一部分。③ものごとのなりゆきや様子。など。

ことばのれい

局員、局地、局長、局面、テレビ局

れい文

テレビ局の局長と友達なんだ。

名前 大工のキョクさん

ヒトヒト国に住むカンジュウ。うできき大工。今は大工のオクさん〈屋〉とテレビ局の建物をつくっている。

おぼえかた

尸と一ム土で屋とおぼえてみよう。

名前 大工のオクさん

ヒトヒト国のうできき大工さん。屋根をつくるのが得意。屋台のラーメンが好き。

屋

9画

「 コ 尸 尸 尸 层 层 屋 屋

音 オク

訓 や

いみ

①家。建物。②屋根。③お店の下につける言葉。④人の性質を表すときにつける言葉。

ことばのれい

屋上、屋内、家屋、屋台、屋根、小屋

死

音 シ
訓 し（ぬ）

6画

一 ア 万 歹 歹 死

いみ

①死ぬ。動かなくなる。②命がけ。など。

ことばのれい

死者、死体、死人、必死、死にものぐるい

なりたち

死という漢字は人が死んで骨がばらばらになる様子からできたぞ～。

名前 シニガミさん

漢字の世界をふらふら渡り歩く。外見はこわいが、本当はやさしい。ただしその正体はなぞ。他のカンジュウは必死でシニガミさんの正体をさぐろうとしているとか。

カンジュウにちょうせん！ ④

次の①と②それぞれのカンジュウの漢字に共通する部首は何？

① と

② と

フフフ。わからなかったらここまでのページを見たまえ。答えは44ページだ。

2章

ウゴーク国のなかまたち

動きなどに関係する部首の漢字

放

8画

丶 亠 亍 方 方 方' 扩 放

音 ホウ

訓 はな（す）・はな（つ）
はな（れる）・ほう（る）

いみ
①放す。②投げる。③放っておく。④ゆるす。⑤つける。など。

ことばのれい
放火、放課後、放出、放送、食べ放題

れい文
エー、現地より魚の放流の様子を放送します。

名前 ホウさん

ウゴーク国のテレビ局のキャスター。真実の報道に命をかけている。おすしの食べ放題が好き。

整

16画

一 丆 戸 百 申 束 束 束' 敕 敕 敕 整 整 整 整 整

音 セイ

訓 ととの（う）
ととの（える）

いみ
整える。正しくそろえる。など。

ことばのれい
整然、整とん、整理、整列

れい文
整理、整とんこれ大事ですぞ！

名前 トトノリス

ウゴーク国の住人。とてもきれい好きで、家の中がきれいに整っていないと気がすまない。

【カンジュウにちょうせん！④の答え】　①尸（しかばね）　②月（にくづき）

れい文

主役は天才役者のわたしにおまかせあれ！

名前 天才役者のヤークン

ウゴーク国に住む役者。役人でもある。多くの人のために役立ちたいと思っている。

7画

音 ヤク
訓 —

いみ

①役目。受け持ちの仕事。②使う。③仕事での身分。④劇の登場人物の役目。など。

ことばのれい

役者、役立つ、役人、市役所、主役

9画

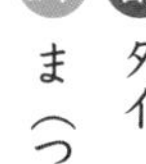

音 タイ
訓 ま（つ）

いみ

①待つ。待ち受ける。②もてなす。

ことばのれい

待機、待ち合わせ

おぼえかた

ノイ（彳）ジー（寺）が待ってるよとおぼえてね！

名前 ノイジー

ウゴーク国の住人。のんびり屋で、友達との待ち合わせは何時間待っていても平気。

返

7画

一 厂 万 反 ⻌反 返

音 ヘン

訓 かえ（す） かえ（る）

いみ

①返る。返す。もとにもどす。②答え。など。

ことばのれい

返金、返事、返答、返品、おん返し

家には帰る。後ろはふり返る。ちがいに注意！

名前 宅配便のヘンヘン

ウゴーク国の配達員。出発前には後ろをふり返って安全確認。はきはきした返事で町の人気者。

送

9画

丶 丷 䒑 丷 并 关 关 ⻌关 送

音 ソウ

訓 おく（る）

いみ

①見送る。②人や物を送り届ける。

ことばのれい

送金、送信、運送、返送

れい文

ヘンヘンが配送に行くのを見送ります。

名前 宅配員のソーソー

ヘンヘン〈返〉と兄弟の運送業者。荷物をまちがえず送り届けることに命をかけている。

追

9画

音 ツイ
訓 お（う）

いみ
①後を追う。追いかける。②追い払う。③付け加える。など。

ことばのれい
追加、追記、追究、追せき、追い風

れい文
交通い反の車を追うぞ！追せき開始。

名前 おまわりさんのオッツイ

交通い反をした車を追いかけるのが仕事。ヘンヘン〈返〉、ソーソー〈送〉とは兄弟。

速

10画

音 ソク
訓 はや（い）・はや（める） はや（まる）

いみ
①スピードが速い。②速さ。など。

ことばのれい
速達、速度、快速電車、高速道路

スピードは速い 時間は早い とおぼえろっ！

名前 ソック

ウゴーク国のレーサー。ものすごい速度で走る。あまりに速いので「音速のソック」とよばれている。

進

11画

ノ イ イ' 𠂉 什 件 隹 隹 ⻌隹 進 進

音 シン
訓 すす（む） すす（める）

いみ
①進む。前に向かう。②良い方に進む。③差し上げる。など。

ことばのれい
進化、進学、進行、進出、前進、発進

れい文
ススム号発進！
出発進行！
全速前進！

名前 ススム

ウゴーク国の少年。中学校の進学いわいに自転車を買ってもらい、毎日乗り回している。

運

12画

丶 冖 冖 冖 冒 冒 冒 冒 軍 軍 運 運

音 ウン
訓 はこ（ぶ）

いみ
①運ぶ。②動く。動かす。③めぐり合わせ。など。

ことばのれい
運行、運送、運転、運動、運命

れい文
みなさん、荷物を運ぶときは安全運転でよろしく！

名前 ハコップ社長

ウゴーク国の運送会社の社長。会社の運命を決めるのは自分だとはりきっている。

遊

12画

音 ユウ

訓 あそ（ぶ）

いみ

①遊ぶ。②他の土地に行く。③あちこち動く。④役に立たない。など。

ことばのれい

遊園地、遊ぎ、遊歩道、遊び回る

れい文

遊歩道で子どもたちが遊ぎをしてたよ。

名前 遊び人のユウさん

漢字の世界をわたり歩く遊び人。楽しいことが大好きで、年に百回遊園地で遊んでいる。

起

10画

音 キ

訓 お（きる）・お（こす） お（こる）

いみ

①起きる。立ち上がる。②始まる。始める。③始まり。

ことばのれい

起源、起立、早起き、起き上がる、

れい文

早起きして起立！これがわたしの健康法。

名前 オッキー

ウゴーク国の住民。早起き大好き。目ざまし時計が鳴るより前に目をさまして起き上がる。

カンジュウにちょうせん！5

日記がよごれて読めなくなったよ。●に入る漢字は何だろう？

四月十五日　はれ。
学校を出たら何かの鳴き声が聞こえた。
後ろをふり①●（かえ）ると犬が走ってきた。
ものすごく②●（はや）かった。あわててにげたら、
いつもより③●（かえ）るのが④●（はや）かった。

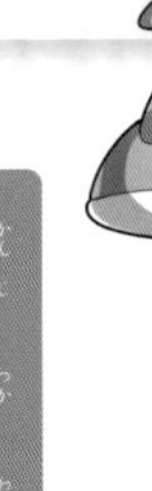

漢字の使い分けに注意！
答えは52ページの下。

発

9画

訓　—

音　ハツ

いみ

①出かける。②放つ。③始める。④明らかになる。⑤さかんになる。など。

ことばのれい

発見、発車、発生、発達、発明、出発

れい文

えものを発見しに出発だ。

名前　りょうしのハッさん

ウゴーク国のりょうし。発明家でもあるが、使える発明品はほとんどない。

おぼえかた

癶に豆で登るとおぼえて！

登

12画

訓　のぼ（る）

音　ト・トウ

いみ

①高い所にのぼる。②高い地位につく。③出かける。など。

ことばのれい

登校、登場、登山、山登り

名前　ノボルン

ウゴーク国一の登山家。どんな高い山でもらくらく登る。テレビに何度も登場している有名人。

章

11画

丶 亠 亠 立 立 产 音 音 音 音 章

訓 ―
音 ショウ

いみ

①詩や文、音楽などの一区切り。②しるし。など。

ことばのれい

楽章、くん章、文章

おぼえかた

立って素早く文章を書くのが得意なのだ。

名前 ショウタロウ先生

ウゴーク国の大小説家。すばらしい文章を書く。王様からくん章をもらったこともある。

童

12画

丶 亠 亠 立 立 产 音 音 音 音 章 童

訓 ―
音 ドウ

おぼえかた

立つ子が里いも食べて童話を書く。とおぼえてね。

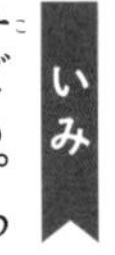

いみ

子ども。わらべ。

ことばのれい

童話、学童

名前 ドードー

ウゴーク国の子ども。将来の夢は童話作家で、ショウタロウ先生〈章〉の弟子をしている。

【カンジュウにちょうせん！⑤の答え】 ❶返 ❷速 ❸帰 ❹早

6画

丶 冫 冫 汐 汐 次

音 ジ
訓 つぎ
つ（ぐ）

いみ
①あとに続く。次の。②順序。回数を数える言葉。

ことばのれい
次回、次女、次男、目次

なりたち
もとは、荷物を下ろして体を休めるという意味だったのだ。

名前 ねぼけまなこのジーやん

ウゴーク国の住民。ねむそうな顔だが、次々と仕事をこなす有能なカンジュウ。

カンジュウにちょうせん！6

上の漢字と下のカンジュウを一つずつ組み合わせて、漢字二字の言葉を二つ作ろう。

文　出

ことばのれいを見ると分かるよ。答えは54ページの下。

訓 ——
音 シ

13画

、 亠 亠 亠 言 言 言 言 計 詁 詁 詩 詩

いみ
心に感じたことを、リズムのある言葉で表したもの。

ことばのれい
詩集、詩人

おぼえかた
言葉を考え寺で詩を作るのです。

名前 ロマンシー

ゴンベン島に住む人気詩人。いつも自分の詩集を持ち歩いて、出会った人にあげている。

15画

、 亠 亠 亠 言 言 言 言 言 訁 訁 訁 談 談 談

訓 ——
音 ダン

いみ
話す。話。

ことばのれい
談話、会談、じょう談、相談、対談、面談

おぼえかた
言葉に炎がつけば談になる。……なんちゃって。

名前 ダダンダダン

ゴンベン島に住む話し好きのカンジュウ。じょう談を言って人を笑わせるのがしゅ味。

【カンジュウにちょうせん！⑥の答え】できる言葉は、「出発」「文章」

調

15画

、 亠 亖 言 言 言 訁 訂 訂 訂 訓 調 調 調 調

音 チョウ

訓 しら(べる)

いみ

①調べる。②ととのえる。③具合。④作る。そろえる。⑤音の調子。など。

ことばのれい

調子、調整、調味料、口調、好調、体調

れい文

調子のいい口調には気をつけたまえ。

名前 名たんてい・チョウさん

ゴンベン島に住むでききのたんてい。どんなことでもすぐに調べる。体調はいつも絶好調。

カンジュウにちょうせん！ 7

□に共通して入る形は①～③のどれ？

彳□　言□　日□

① 炎　② 寺　③ 欠

いちばん右は二年生で習う漢字ですよ。答えは56ページの下。

急

音　キュウ
訓　いそ（ぐ）

9画

ノ　ク　ク　刍　刍　刍　急　急　急

いみ
①急ぐ。早くする。②とつぜん。大事な。③険しい。など。

ことばのれい
急行列車、急所、急用、特急列車、急ぎ足

おぼえかた
くよ（クヨ）くよしない心で急ぎますっ！

名前　レスキュー

ココロ島の消防士。火事の現場にだれよりも先に急行し、急いで火を消す。

れい文
走って息切れしたので、ひと息入れましょう。

息

音　ソク
訓　いき

10画

ノ　亻　门　白　自　自　自　息　息　息

いみ
①こきゅう。②生きる。③休む。④終わる。⑤子ども。

ことばのれい
休息、生息、息切れ、ひと息

名前　イッキー

ココロ島に住むカンジュウ。島に生息する動物を見るのが好き。つかれっぽいので休息しがち。

【カンジュウにちょうせん！⑦の答え】❷寺　寺を入れると、「時」「詩」「待」になる。

悪

11画

一 厂 戸 戸 亜 亜 亜 亜 悪 悪 悪

音 アク
訓 わる（い）

いみ
①悪い。正しくない。②みにくい。③そまつ。④はげしい。⑤きらう。など。

ことばのれい
悪運、悪事、悪人、最悪、悪口、悪ふざけ

れい文
おれ様の悪口を言うやつは悪運にまみれろ。

名前 アクマー

やさしいカンジュウの多いココロ島の中でただ一人悪い心を持つ。でも悪事が成功したことはない。

悲

12画

ノ ナ ヺ ヺ ヺ 非 非 非 非 悲 悲 悲

音 ヒ
訓 かな（しい）　かな（しむ）

いみ
①悲しい。悲しみ。心がいたむ。②あわれみ深い。

ことばのれい
悲運、悲劇、悲鳴

れい文
どこかで悲しい悲鳴が聞こえる……。

名前 ヒーニャン

ココロ島に住む役者。悲劇の主人公をやらせると天下一品。ちょっとした悲しいことでもすぐに泣く。

意

13画

亠 亠 立 产 产 音 音 音 音 意 意 意 意

訓 ―
音 イ

いみ
①思う。考え。
②意味。わけ。

ことばのれい
意外、意見、意思、意味、注意、用意

おぼえかた
音に心をこめて意見を言います。

名前 イフクロ先生

ココロ島に住む政治家。人の意見をよく聞いて政治を行う。顔に似合わず意外におちゃめ。

れい文
あなたの感想文にとっても感心したよ～っ！

感

13画

丿 厂 厂 后 后 后 咸 咸 咸 咸 感 感 感

訓 ―
音 カン

いみ
①感じる。心が動く。②気持ち。など。

ことばのれい
感心、感想、感動、責任感、反感、予感

名前 カンジョー

ココロ島の心やさしく、感じのよい女の子。いろいろなものに感動しがち。

13画

一 十 オ 木 朩 札 相 相 相 相 想 想 想

音 ソウ

訓 ―

いみ

①心の中で思う。

②考え。など。

ことばのれい

想像、感想、空想、発想、予想、理想

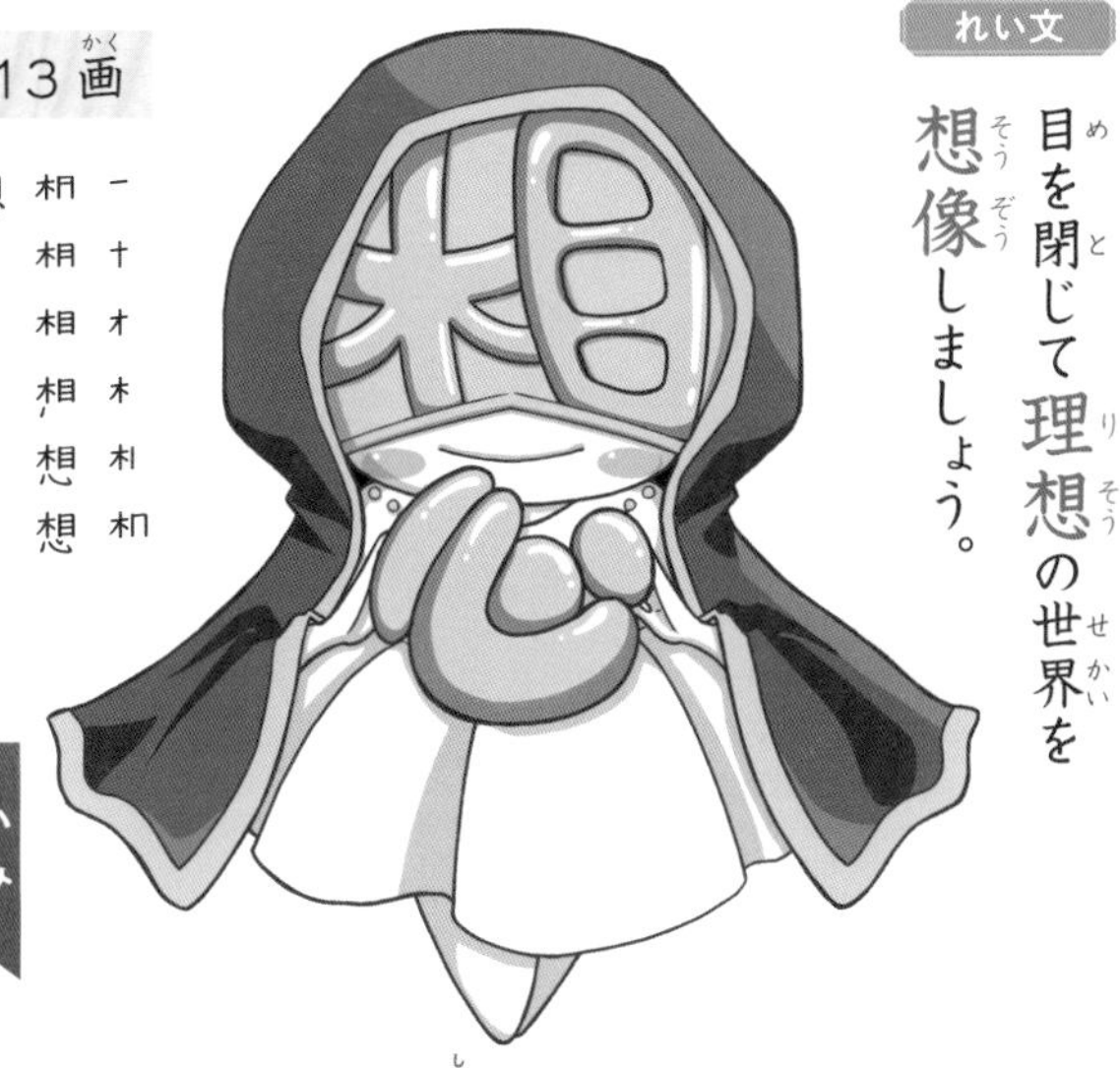

れい文

目を閉じて理想の世界を想像しましょう。

名前 うらない師・ヨーソン

ココロ島に住むうらない師。未来を予想するが、空想が多いのであまり当たらない。

カンジュウにちょうせん！ 8

上の四つのカードの中から二つの漢字を選んで、心の上につけて別の漢字を二つ作ろう。

自　章　相　行

＋ 心

ヒントはここまでに出てきた漢字。答えは60ページの下。

助

音 ジョ

訓 たす（ける）
たす（かる）

いみ

①助ける。手伝う。②力をかす。手伝う。など。

7画

丨 冂 月 月 且 盯 助

ことばのれい

助言、助手、助走、手助け、人助け

れい文

助手になってわたしの手助けをしてくれないか？

名前 ヒーローのジョー

チカラ島に住むヒーロー。人助けがしゅ味。現在、仕事を助けてくれる助手をぼ集中。

なりたち

勉は力と免（力をこめる）が組み合わさってできた漢字なんですよ。

勉

10画

丿 ⺈ 㐌 各 缶 缶 免 免 勉 勉

訓 ―

音 ベン

いみ

全力でがんばる。努力する。

ことばのれい

勉学、勉強

名前 ベンくん

チカラ島に住む勉強好きの学生。チカラ島にはめずらしい頭のう派。いかつい顔だけどまだ中学生。

【カンジュウにちょうせん！⑧の答え】自＋心＝息、相＋心＝想

11画

音 ドウ

訓 うご（かす）　うご（く）

いみ

①動く。②行う。③心を動かす。など。

ことばのれい

動画、動物、動力、行動、自動車、反動

おぼえかた

重くても力があれば動かせるのだ。

名前 ドウーゴ

チカラ島に住む発明家。動く機械の発明をしている。最近は発明品の動画をアップしている。

勝

12画

音 ショウ

訓 か（つ）

いみ

①勝つ。相手を負かす。②すぐれている。

ことばのれい

勝者、勝負、勝利、必勝、優勝、勝手

れい文

勝負には全部勝つ。いつも必勝の気持ちであります！

名前 ショーリ

チカラ島の兵士。スポーツマンで勝負事が大好き。やり投げ選手権で優勝したこともある。

カンジュウにちょうせん！ 9

ここにいるカンジュウが表す漢字を二つ組み合わせて、漢字二字の言葉を三つ作ろう。

カンジュウの表す漢字は絵を見るとわかるはず。同じ漢字を何回か使うと四つ以上作れる。答えは64ページの下ですぞ。

3章

シゼーン国のなかまたち

自然や生き物などに関係する部首の漢字

氷

5画

亅 ⺅ 氵 氺 氷

音 ヒョウ
訓 こおり

いみ
こおる。氷。

ことばのれい
氷山
流氷
かき氷

れい文
氷山の上でかき氷を食べたいぞ。

名前 ヒョウリュウ

流氷に乗って、シゼーン国にやってきた氷のせいれい。口から氷の息をはきだす。

決

7画

丶 冫 氵 汀 氵コ 沪 決

音 ケツ
訓 き（まる） き（める）

いみ
①決める。決まる。
②やぶれる。

ことばのれい
決意、決心、決着、決定、解決、対決

れい文
新しい決まりを決定しました。守ってくださいね。

名前 ケツ・ダーン

シゼーン国の議会の議長。シゼーン国の決まりを決めている。とても決断力がある。

【カンジュウにちょうせん！⑨の答え】「感動」「悪運」「放送」「運動」「運送」などから三つ作れば正解

8画

音 エイ

訓 およ（ぐ）

いみ

泳ぐ。泳ぎ。

ことばのれい

水泳、力泳、平泳ぎ

なりたち

氵（水）と永（長く続く）を合わせてできた漢字だって。

名前 エイッシュ

シゼーン国の湖に住む。水泳好きだけど平泳ぎは苦手。力いっぱい泳いでも、どんどんしずんでしまう。

注

8画

音 チュウ

訓 そそ（ぐ）

いみ

①注ぐ。水が流れ込む。②心や目を一点に集める。③言葉の意味をくわしく説明する。など。

ことばのれい

注意、注射、注目、注文

おぼえかた

氵に主に注目！とおぼえましょう。

名前 チューヤン

シゼーン国の湖のほとりでカフェを営業中。いつも注意深くお茶を器に注いでいる。

波

音　ハ
訓　なみ

8画

丶 冫 氵 氵 汀 沪 沙 波

いみ

①波。②波のような動きになるもの。など。

ことばのれい

波乱、音波、電波、波風、波乗り、大波

れい文

今日は波風が強い。大波で波乗りするぜ。

名前　波乗りハーやん

シゼーン国の海辺に住むサーファー。海を見て大波が来たらダッシュで海に出る。

油

音　ユ
訓　あぶら

8画

丶 冫 氵 氵 汩 汩 油 油

れい文

料理油の代わりに石油は使えませんよ。

名前　アブラーユ

シゼーン国のヨウちゃん〈洋〉の洋食店ではたらく。油を使ったあげものが得意。でも油断してこがすことも。

いみ

油。

ことばのれい

油断、油田、石油、油絵

9画

丶 冫 氵 氵 氵 氵 洋 洋 洋

音 ヨウ

訓 ―

いみ

①大きな海。②世界を東西二つにわけた部分。③西洋のこと。など。

ことばのれい

洋食、洋服、西洋、太平洋、東洋

おぼえかた

氵に羊で洋。
わたしは羊ではありませんが……。

名前 ヨウちゃん

シゼーン国の海辺で洋食店を経営している。太平洋のように広い心を持っている。

カンジュウにちょうせん！10

上と下の漢字を一つずつ組み合わせて、漢字二字の言葉を三つ作ろう。

決	大	油
波	絵	心

ことばのれいを見てみよう。
答えは68ページの下。

消

10画

、 丶 氵 氵' 氵'' 氵'' 氵'' 消 消 消

音 ショウ
訓 き（える） け（す）

いみ
①消える。なくなる。②ひかえめ。など。
消す。

ことばのれい
消化、消火、消極的、消防、消しゴム

れい文
食べ物は消化
火事は消火！
まちがえないように。

名前 ショウキョ隊長

シゼーン国の消防隊長。いつもは消極的だけど、火事の時は積極的に消火活動をする。

流

10画

、 丶 氵 氵' 氵' 氵' 氵' 浐 浐 流

音 リュウ
訓 なが（れる） なが（す）

いみ
①流れ。②流す。流れる。③広める。④なかったことにする。⑤仲間。など。

ことばのれい
流行、海流、交流、合流、上流、電流

れい文
流行にびん感な
友だちと交流してるぞ。

名前 川の主・リュー様

シゼーン国の川に住む。上流から水が流れる様子を見ていると心がいやされるらしい。

【カンジュウにちょうせん！⑩の答え】できる言葉は、「油絵」「大波」「決心」

おぼえかた

氵に悪気（ワル木）がないのが深です。

名前 すもぐり上手のフッカちゃん

シゼーン国の海辺でくらしている。深い海にもぐって魚を取る。さすがに深海まではもぐれない。

深

11画

音 シン

訓 ふか（い）　ふか（まる）　ふか（める）

いみ

①深い。深さ。②おく深い。③夜がおそい。④色がこい。など。

ことばのれい

深海、深夜、水深、深緑

おぼえかた

氵の横で日を皿にのせて温めるよ！

名前 アタータ

シゼーン国の湖のほとりのカフェ店員。温かい飲み物担当。温泉好きで、毎日温泉に入っている。

温

12画

音 オン

訓 あたた（か）　あたた（かい）　あたた（まる）　あたた（める）

いみ

①温かい。②おだやか。③大切にする。

ことばのれい

温室、温水、温泉、温度、気温、水温

湖

12画

丶 氵 氵 汁 汁 沽 沽 沽 湖 湖 湖 湖

音 コ
訓 みずうみ

いみ
湖。

ことばのれい
湖上、湖水、湖面、ダム湖

おぼえかた
氵の横に古い月がのぼる湖……です。

名前 湖の女王・ココ

シゼーン国の湖のせいれい。めったにすがたを見せないので、湖上で見かけたらラッキー。

港

12画

丶 氵 氵 汁 汁 汼 汼 洪 洪 洪 港 港

音 コウ
訓 みなと

いみ
港。

ことばのれい
漁港、空港、出港、港町

なりたち
巷は小道のこと。水（氵）をつけて、もともとは船の通る道という意味。

名前 港町のミナト

シゼーン国の漁港ではたらく。いつか船乗りになって遠くの国に行くのを夢見ている。

湯

12画

音 トウ
訓 ゆ

いみ
水をわかしたもの。

ことばのれい
熱湯、湯気、湯船、湯飲み、湯わかし

れい文
熱湯なので湯気に気をつけて。

名前 ユウユ

シゼーン国の湖のほとりのカフェ店員。湯わかし担当。仕事の後はふろの湯船にゆっくりつかる。

漢

13画

音 カン
訓 ―

いみ
①中国に関することがら。②中国の昔の名前。③男。など。

ことばのれい
漢字、漢方薬、悪漢

なりたち
もともとは「水の無い川」、つまり「天の川」を意味する言葉。

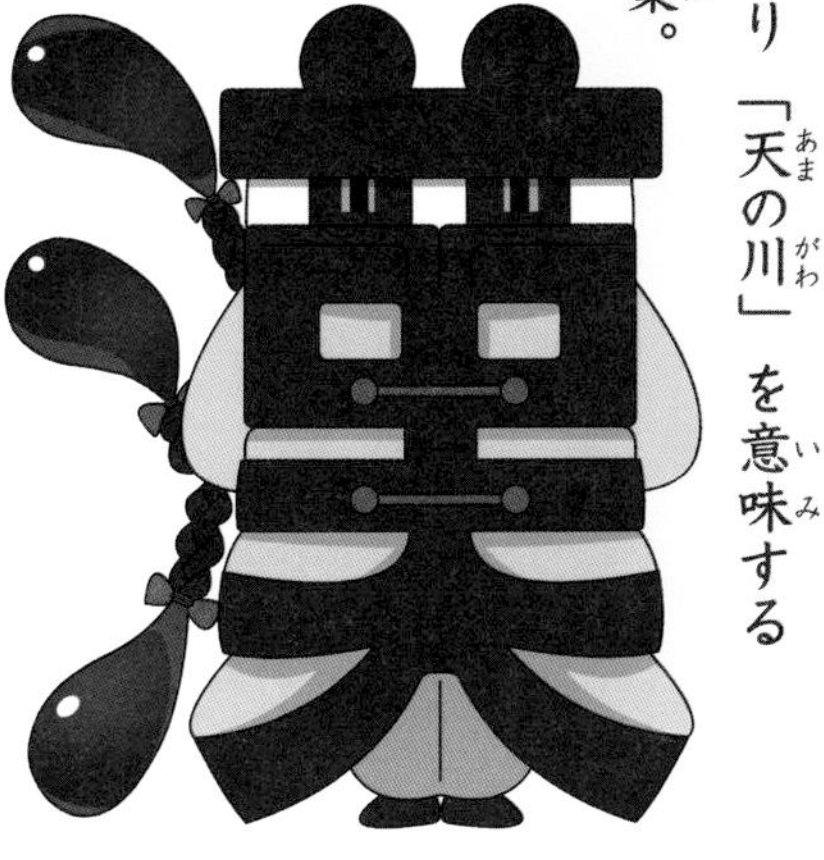

名前 カンフーパンさん

シゼーン国のぶとう家。悪漢を退治するために体をきたえている。漢方薬を作るのも得意。

カンジュウにちょうせん！11

①〜④の□に漢字を入れて、矢印の方向に読める漢字二字の言葉を作り、漢字のしりとりを完成させよう。

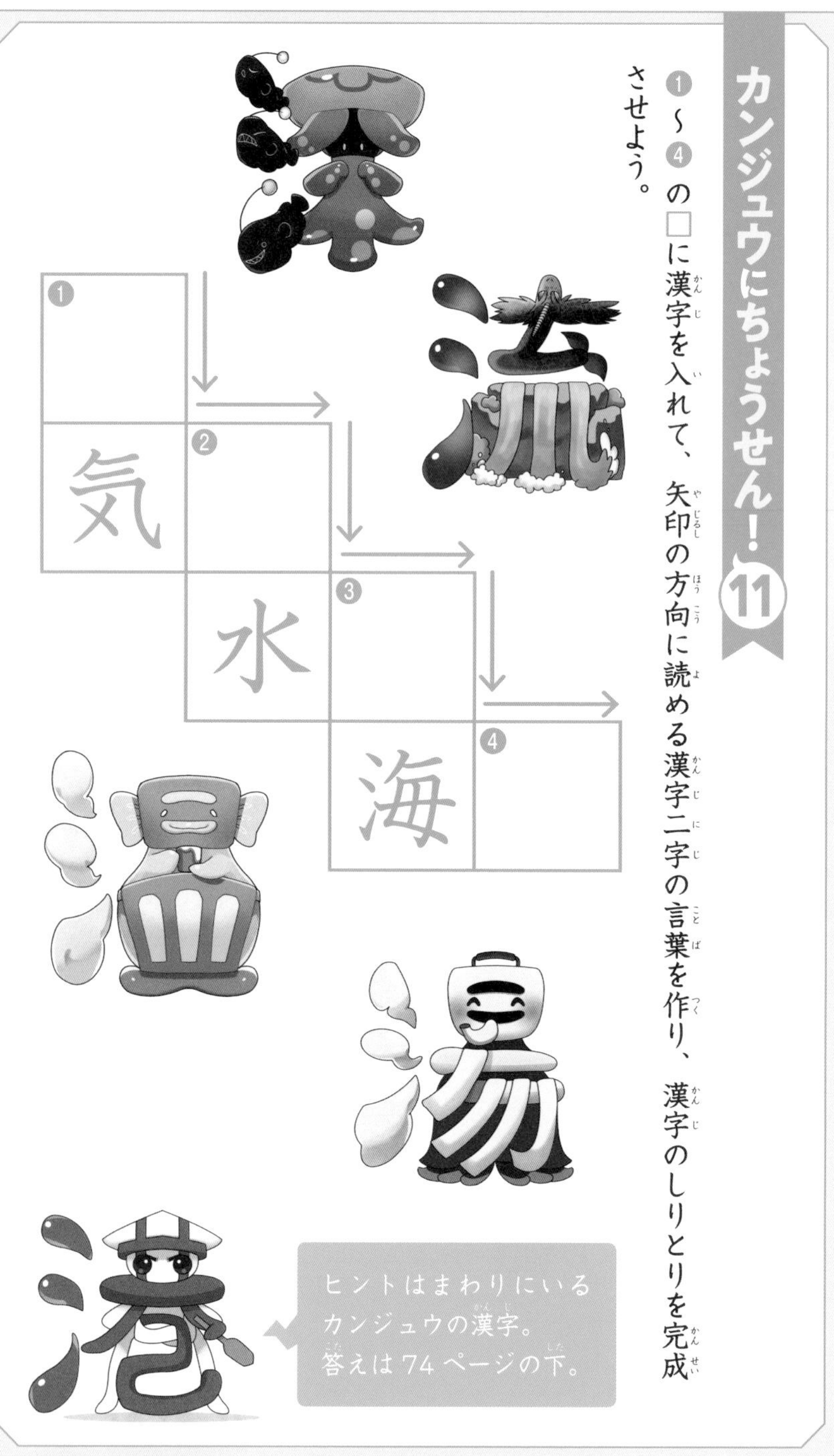

気
水
海
ヒントはまわりにいるカンジュウの漢字。
答えは74ページの下。

炭

9画

音 タン
訓 すみ

いみ
①木をむし焼きにしてつくった燃料。②石炭。など。

ことばのれい
炭さん飲料、石炭、木炭、炭火

この山一ノ火で炭を焼くぞ。

名前 炭焼きのスミタン

シゼーン国の山里で炭焼きをしている。お客さんが家に来ると、自まんの魚の炭火焼きでおもてなし。

業

13画

音 ギョウ
訓 ——

いみ
①仕事。②行い。など。

ことばのれい
業界、業者、休業、工業、商業、農業

れい文

工業、商業、農業 どんな業界でも活躍するぜ！

名前 やる気満々のギョー

シゼーン国の森に住む何でも屋さん。いろいろな業者から引っぱりだこでつかれ気味。でも、休業する気はない。

板

8画

一 十 才 木 朾 朳 杤 板

音 ハン・バン
訓 いた

いみ
①うすくて平らな物。
②木の板。など。

ことばのれい
板書、黒板、
鉄板、板前

れい文
黒板に書くことを
板書というんだってさ。

名前 大工のイタはん

シゼーン国の大工集団のメンバー。木を切り出して板をつくる。板前のもとでアルバイトもしている。

柱

9画

一 十 才 木 杧 杧 杧 柱 柱

音 チュウ
訓 はしら

いみ
①柱。②まっすぐに立つ物。③中心になる人。

ことばのれい
電柱、貝柱、大黒柱

おぼえかた
木がシュッ（主）と立って
柱になる。なんてな。

名前 大工のチューさん

シゼーン国の大工集団のメンバー。家の柱を立てている。大工集団のたよりになる大黒柱。

【カンジュウにちょうせん！⑪の答え】❶湯（湯気）　❷温（気温、温水）　❸深（水深、深海）　❹流（海流）

根

れい文

今度はユリの球根から根っこが出たよ。

10画

一 十 才 木 村 杓 杞 根 根 根

音 コン

訓 ね

いみ

①草や木の根っこ。
②物事のおおもと。
③気力。

ことばのれい

根気、球根、大根、根元、屋根

名前 森のせいれい・ネッコン

シゼーン国の森のせいれい。木の根っこに根気よく魔法をかけて成長させている。大根サラダが好き。

植

12画

一 十 才 木 杧 村 杭 枯 植 植 植 植

音 ショク

訓 う（える） う（わる）

いみ

①草や木を植える。
②草や木。など。

ことばのれい

植物、植林、田植え

おぼえかた

木は、す直に植えることが大事！

名前 ウエキ

シゼーン国の森に住む。木や草花を植えて森を美しくするのが生きがい。植物の知しきがゆたか。

様

音 ヨウ
訓 さま

14画

一 十 オ 木 木' 木'' 杧 柈 栏 栏 梓 样 样 様

いみ

①すがた。②様子。③名前の下に付けてうやまう気持ちを表す。など。

ことばのれい

様式、様子、多様、文様

なりたち

様はもともとくぬぎの木を表す漢字として生まれたそうじゃ。

名前 ヨーさま

シゼーン国の森に住むえらい人。いつもえらそうな様子で森を歩いている。

横

音 オウ
訓 よこ

15画

一 十 オ 木 木一 木十 杜 栏 栏 桪 構 構 構 横 横

いみ

①横。②わがまま。

ことばのれい

横断歩道、横顔、横切る、横取り、横道

オウオウ、横の意味に「わがまま」とあるけど、オレっちはちがうぞ。

名前 横向きのヨッコン

シゼーン国の探検家。現在いろんな国を横断する旅行中。動物が前を横切るときは止まって待っている。

橋

16画

一 十 才 木 木' 术 杧 杧 杯 柝 桥 橋 橋 橋 橋 橋

音 キョウ
訓 はし

いみ
橋。

ことばのれい
鉄橋、歩道橋、橋げた、石橋

なりたち
喬は「高い」という意味。木を高くかけ渡したものだから橋なのだ。

名前 ハッシー

シゼーン国の大工集団のメンバー。橋づくり担当。今は大きな川に石橋をつくっている。

カンジュウにちょうせん！⑫

□に入る同じ形を下から選んで、漢字を完成させよう。

① 氵□
② 木□

直　主　羊

ヒントはここまでに出てきた漢字。答えは78ページの下。

苦

音　ク

訓　くる(しい)・くる(しむ)
くる(しめる)
にが(い)・にが(る)

8画

一　十　艹　艹　芏　苎　苦　苦

いみ

①苦しい。②苦い。③おもしろくない。④苦労する。など。

ことばのれい

苦心、苦戦、苦労、苦手

おぼえかた

ククッ！
草（艹）が古くて
苦かった。

名前　ニガニガ

シゼーン国の草原で苦心して薬草探しをしている。実は苦いものが苦手。

なりたち

荷はもとはハスの葉の様子を表してできた漢字だって。

荷

10画

一　十　艹　艹　芢　芢　芢　茌　荷　荷

訓　に

音　—

いみ

①荷物。②かつぐ。引き受ける。など。

ことばのれい

荷車、荷物、重荷、積み荷

名前　荷物運びのニーン

シゼーン国の草原で旅人の荷物運びを手伝っている。どんな重荷でもかつげる。

【カンジュウにちょうせん！⑫の答え】主を入れると、①注と②柱ができる。

葉

12画

訓 は
音 ヨウ

いみ

①草や木の葉。②うすい物を数える言葉。など。

ことばのれい

青葉、落ち葉

おぼえかた

草（艹）にヨキ（世木）葉っぱをかけて。

名前 草木のせいれい・ヨウハン

シゼーン国の草原に住む草木のせいれい。落ち葉を使ってはがきや手紙を書くのがしゅ味。

落

12画

訓 お（ちる） お（とす）
音 ラク

いみ

①落ちる。落とす。②ぬける。③できあがる。④おとろえる。⑤人々が集まっているところ。

ことばのれい

落書き、落石、落下、集落、段落、転落

れい文

この集落は落書き禁止ですぞ。

名前 ラクオ

シゼーン国の草原にある集落の村長。いつも落ち着いた態度で村の問題を解決する。

薬

音 ヤク
訓 くすり

16画

一 十 艹 艹 芍 苗 苗 苗 菹 菹 菹 蕐 蕐 薬 薬 薬

いみ

①薬。②火をつけたり、ばく発させたりする材料。

ことばのれい

薬草、薬品、薬局、火薬、農薬、薬指

れい文

薬なら火薬も農薬も何でも作ってるんだ。

名前 ヤクスリン

シゼーン国の草原で薬作りをしている。薬草はニガニガ〈苦〉から仕入れている。

カンジュウにちょうせん！⑬

次の①～③のカンジュウの漢字の、くさかんむりの下にある別の漢字は何？

①
②
③
わからなかったら、それぞれのカンジュウがしょうかいされているページを見てみよう。答えは82ページの下。

11画

音 ダイ

訓 —

いみ

①順序。②順序を示すときに頭につける言葉。③試験。

ことばのれい

第一、次第、落第

第の頭は竹
弟の頭は点二つ。まちがえないで！

名前 ダイダイ

シゼーン国の竹林に住んでいる。竹を切って売っている。安全第一で仕事をしている。

笛

11画

音 テキ

訓 ふえ

いみ

笛。ふいて音を出す楽器。

ことばのれい

汽笛、口笛、横笛

れい文

汽車の汽笛の音に負けない大きさで口笛もふけるよ。

名前 テキール

シゼーン国の音楽家。竹林の竹を切って笛を作る。最近は、横笛よりもたて笛のほうがお気に入り。

等

音 トウ
訓 ひと（しい）

12画

丿 𠂉 ⺮ ⺮ ⺮ 笁 竺 竿 笙 等 等 等

いみ
①等しい。②ものごとの順位。など。

ことばのれい
等級、等分、一等、上等、平等、優等生

れい文
等しい大きさに分けることを等分といいます。

名前 ユートン

シゼーン国の竹林に住む子ども。優等生で、テストも運動会のかけっこでも一等だった。

筆

音 ヒツ
訓 ふで

12画

丿 𠂉 ⺮ ⺮ ⺮ ⺮ 竺 笁 筀 筀 筀 筆

いみ
①筆。②書いた物。③筆で書く。

ことばのれい
筆記用具、筆算、筆箱、筆者、えん筆、

れい文
きみの筆箱には筆記用具がどんな入ってる？

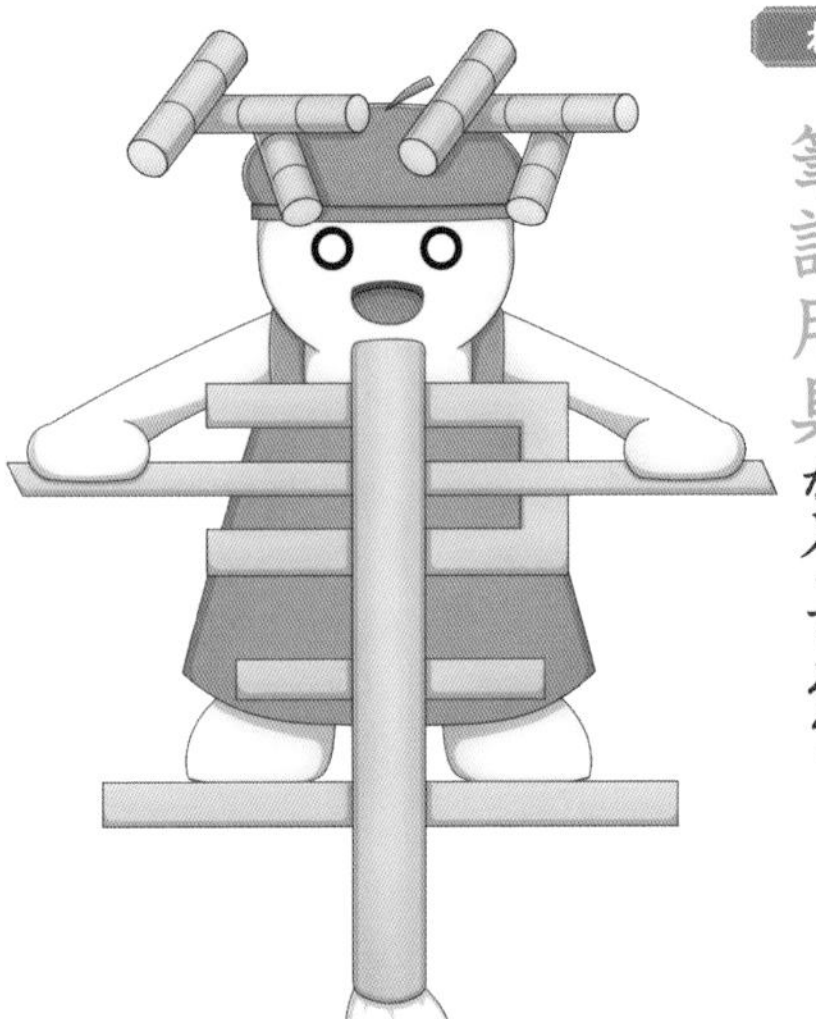

名前 フデさん

シゼーン国の竹林で筆作りをしている。竹が材料だとえん筆が作りにくいのがなやみの種。

【カンジュウにちょうせん！⑬の答え】①古 ②何 ③楽

15画

ノ 𠂉 ⺮ ⺮ ⺮ 笁 笁 筘 筘 筘 筘 箱 箱 箱 箱

音 ——
訓 はこ

いみ
箱。

ことばのれい
す箱、筆箱、本箱

おぼえかた
竹（⺮）に相談して箱作り。とおぼえて！

名前 箱作りのハーコ

シゼーン国の竹林の箱作り職人。箱なら何でも作る。最近売り出した鳥のす箱がおしゃれと話題。

カンジュウにちょうせん！14

バラバラになった次の漢字は一体何？三つの漢字ができるよ。

⺮ 由 相 ⺮ ⺮ 寺

全部たけかんむりの漢字だね。答えは84ページの下。

7画

一 十 土 圹 圻 坂 坂

訓 さか
音 —

いみ
坂。坂道。

ことばのれい
坂道、下り坂、上り坂

おぼえかた
土を反らせて坂道になる。とおぼえよう。

名前 サカミチン

シゼーン国の学生。学校まで重い荷物を持って、急な坂を毎日走っているうちに足がきたえられた。

研

9画

一 丆 不 石 石 石 石 研 研

訓 —
音 ケン

いみ
①みがく。②物事を深く調べる。

ことばのれい
研究、研修

おぼえかた
わが研究によれば、石でできた鳥居（开）とおぼえるとよいぞ。

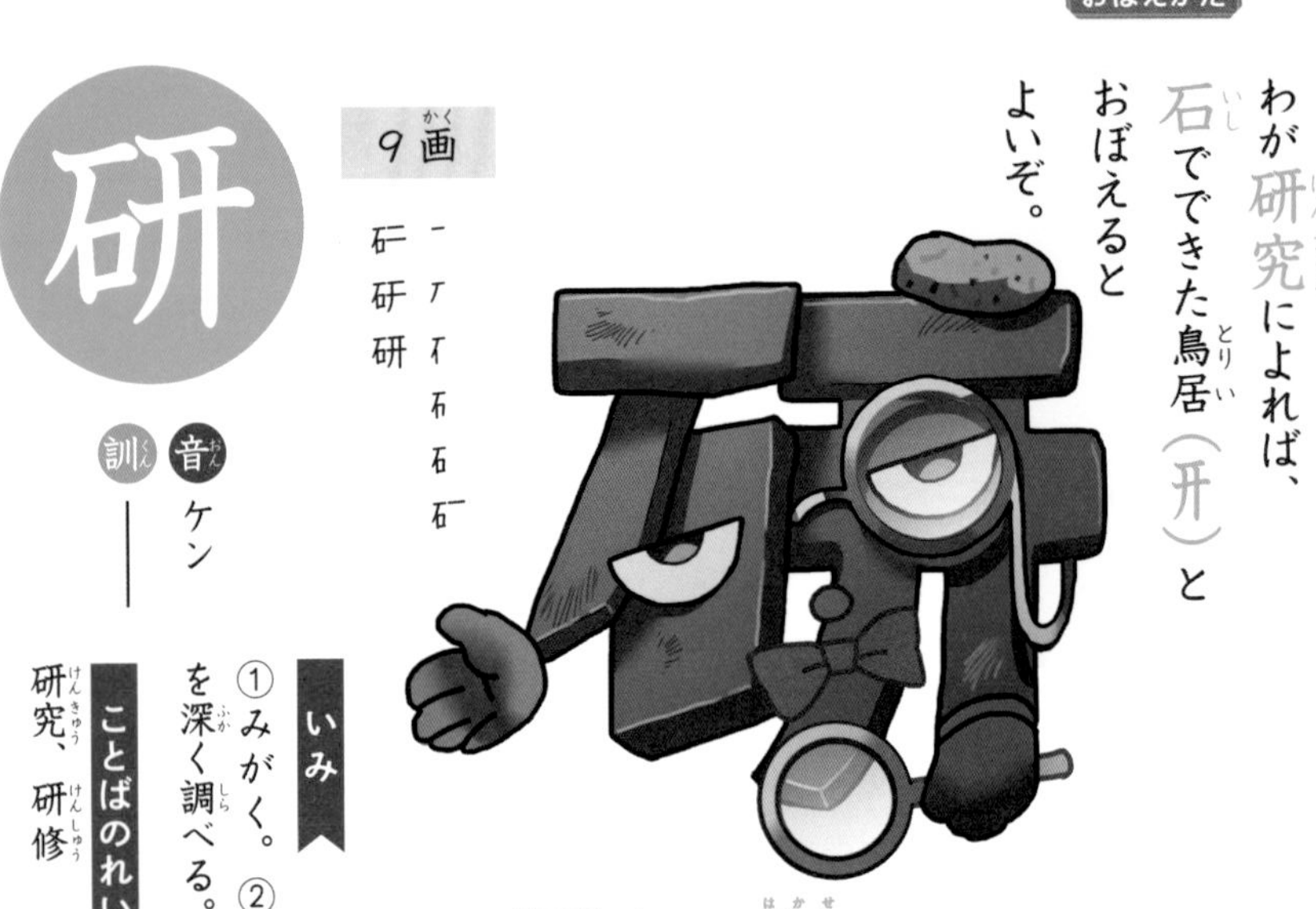

名前 ケーン博士

シゼーン国の学者。研究に一生をかけているけれど、どんな研究をしているのかはなぞ。

【カンジュウにちょうせん！⑭の答え】できる漢字は、「箱」「等」「笛」

13画

訓 ―

音 テツ

いみ

①鉄。②鉄のようにかたくて強い。③鉄道の略。④刃物。

ことばのれい

鉄橋、鉄柱、鉄道、鉄板、鉄分

名前 くろがねのテツ

シゼーン国の鉱山で鉄をほっている。鉄道好きで近くの鉄橋で汽車の写真をとっている。

14画

訓 ―

音 ギン

いみ

①銀。②銀のように白い。③お金。

ことばのれい

銀行、銀世界、金銀財宝

れい文

銀世界とは、雪がふって一面真っ白になった景色のこと。

名前 しろがねのギンタ

シゼーン国の鉱山で銀をほっている。銀行にたくさんの金銀財宝をあずけているとのうわさがある。

8画

丨 山 山 山 屵 屵 岸 岸

音 ガン
訓 きし

いみ
岸。水ぎわ。

ことばのれい
海岸、対岸、岸辺、川岸

れい文
川岸で散歩してたら対岸に友達がいたよ。

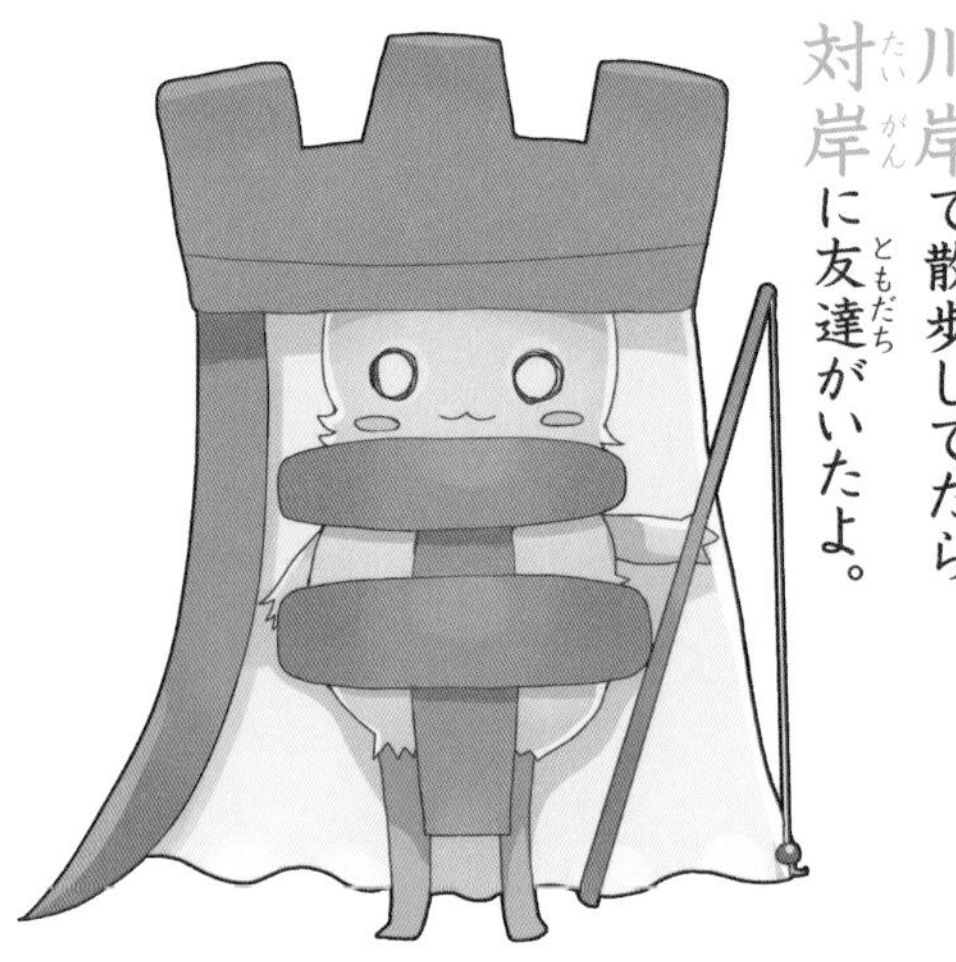

名前 キシシ

シゼーン国の海岸の町に住む。釣りがしゅ味。岸辺に打ち寄せる波をぼーっと見ているのも好き。

10画

ノ 亻 户 户 白 自 鳥 鳥 島 島

音 トウ
訓 しま

いみ
島。

ことばのれい
半島、無人島、列島、島国

なりたち
もとは山＋鳥で嶋だった。渡り鳥が休む海の中の山という成り立ちだよ。

名前 シマモン

シゼーン国の海岸のそばにうかぶ小さな島に住んでいる。無人島探検が好き。

州

6画

丶 丿 丿丶 州 州 州

音 シュウ
訓 ―

いみ
①川の中にできた島。②大きな陸地。③国内の地方。

ことばのれい
九州、本州

なりたち
点々は島を表す。つまり州は、川の中にできた島の意味。

名前 シューカッパ

シゼーン国のわたし船の船頭をしている。日本の本州や九州に仲間がいるとかいないとか。

おぼえかた
足し算で考えると
ウ＋ル＋九＝究
であるな。

究

7画

丶 丶丶 宀 穴 穴 究 究

音 キュウ
訓 ―

いみ
①きわめる。調べる。②ゆきつく。最後まで。

ことばのれい
究明、研究、探求

名前 キワマール

穴の中で研究を行うシゼーン国の学者。いちばん速く穴をほる方法をきわめようとしている。

カンジュウにちょうせん！15

手紙の漢字の一部分がよごれて読めなくなった。どんな漢字が書かれていたんだろう。

へ

ある①島でいい②鉄を見つけたぞ。

③岸から長い④坂を上った

どうくつで見つけたんだ。

より

わからないときは、前のページを見てみよう。答えは90ページの下。

物

8画

丿 𠂉 牛 牛 牜 牞 物 物

音 ブツ・モツ
訓 もの

いみ
①物。②ことがら。③見立てる。

ことばのれい
物体、見物、人物、物音、物語、着物

れい文
新しい物語の登場人物を考えています。

名前 ブツモー

シゼーン国の草原に住んでいる物書き。旅をしていろいろな物を見物して新しい物語を考え中。

駅

14画

丨 𠃍 𠃌 ⺝ 甲 䒑 馬 馬 馬 馬 馬 駅 駅 駅

音 エキ
訓 ―

いみ
①駅。②昔、馬の乗り継ぎをした場所。など。

ことばのれい
駅員、駅長、始発駅、終着駅

れい文
わたしの駅は始発駅と終着駅の両方なのであります。

名前 バッカ駅長

シゼーン国の草原にある駅の駅長。駅員はいないので一人で何でもやる。駅の利用者が少ないのがなやみの種。

羊

6画

丶 丷 䒑 兰 兰 羊

音 ヨウ
訓 ひつじ

いみ
羊。

ことばのれい
羊毛、羊飼い
羊雲

おかしのようかんの「よう」は漢字では羊と書くそうですね。

名前 羊飼いのヒツジン

シゼーン国の草原で羊飼いをしている。毎年羊毛をかり取って毛糸を作って売っている。

なりたち

羊が大きいとかいて美しいという意味にしたそうだ。

美

9画

丶 丷 䒑 兰 兰 𦍌 𦍌 美 美

音 ビ
訓 うつく（しい）

いみ
①美しい。②りっぱな。③おいしい。など。

ことばのれい
美食、美声、美味

名前 きらめきのビビ

シゼーン国の芸術家。美しいものと美味なものが大好き。歌も上手で遠くまで美声をひびかせている。

【カンジュウにちょうせん！⑮の答え】❶島 ❷鉄 ❸岸 ❹坂

郵　便　は　が　き

おそれいりますが切手をお貼り下さい

1 0 4 - 8 0 1 1

朝日新聞出版　生活・文化編集部
ジュニア部門　係

お名前		ペンネーム	※本名でも可		
ご住所	〒				
Eメール					
学年	年	年齢	才	性別	
好きな本					

※ご提供いただいた情報は、個人情報を含まない統計的な資料の作成等に使用いたします。その他の利用について詳しくは、当社ホームページ https://publications.asahi.com/company/privacy/ をご覧下さい。

☆本の感想、似顔絵など、好きなことを書いてね！

ご感想を広告、書籍のPRに使用させていただいてもよろしいでしょうか？

1．実名で可　　2．匿名で可　　3．不可

れい文

寒いから厚手の上着を着るといいですね。

着

12画

丶 丷 䒑 䒑 羊 羊 差 着 着 着 着 着

音 チャク

訓 き（せる）・き（る）　つ（く）・つ（ける）

いみ

①着る。②ある場所に着く。③くっつく。④落ち着く。⑤到着した順番や服を数える言葉。など。

ことばのれい

着色、着地、着目、決着、着物、上着

名前 羊飼いのチャック

シゼーン国の草原の羊飼い。ヒツジン〈羊〉がかり取った羊毛を着色して着物を作っている。

11画

ㇷ ㇷ ㇷ 羽 羽 羽 習 習 習 習 習

音 シュウ

訓 なら（う）

いみ

①習う。②ならわし。

ことばのれい

習かん、習字、学習、予習、練習、見習う

おぼえかた

白鳥を見習って羽を白くしたいな。

名前 シューくん

シゼーン国の草原に住む学生。習う前に予習をするのがモットー。習ったことは何度も練習する。

集

12画

音 シュウ

訓 あつ（める）
あつ（まる）

いみ

①集める。集まる。
②集まり。

ことばのれい

集会、集金、集合、集中、歌集、文集

れい文

全員集合！これから集会を行う！

名前 アッシュー

シゼーン国の草原の集落の住民。大空を飛んで、いろいろなものを集めている。集中力がすごい。

なりたち

曲の下の「辰」は貝がらのことなんだ。

農

13画

音 ノウ

訓 —

いみ

田畑をたがやして作物を作る。作物を作る人。

ことばのれい

農園、農家、農業、農作物、農場、農道

名前 ノウギョン

シゼーン国の農場ではたらいている。くだものの農園を新しく作りたいと思っている。

8画

音 ―――

訓 むかし

いみ

昔。

ことばのれい

昔話、一昔

なりたち

𠔉は積み重ねるの意味。昔は「日を積み重ねる」ということなんじゃな。

名前 ムカジーサン

シゼーン国のヒツキ島に住む長老。昔のことをよく知っていて、子どもたちに昔話をするのが大好き。

暑

12画

音 ショ

訓 あつ（い）

いみ

暑い。

ことばのれい

暑気、暑中、残暑

おぼえかた

暑くなるじゅ文は日土ノ日！つなげてみよう！

名前 アツーショ

シゼーン国のヒツキ島の島民。暑い日でも部屋で厚着をして熱いお茶を飲むのが好き。

昭

9画

丨 冂 日 日 日フ 日刀 日刀 昭 昭

訓 ―

音 ショウ

いみ 明るくかがやく。

ことばのれい 昭和

おぼえかた

日＋刀＋口＝昭

この漢字式をおぼえてください。

名前 かがやきのショー

シゼーン国のヒツキ島でくらす、なぞのカンジュウ。光かがやくつえを持っている。

暗

13画

丨 冂 日 日 日' 日亠 日亠 日立 日立 暗 暗 暗 暗

音 アン

訓 くら(い)

いみ ①暗い。②人に知られないようにひそかに。③そらでおぼえる。など。

ことばのれい 暗記、暗号、暗黒、暗算、明暗、暗がり

れい文

暗黒の夜に暗がりからネコが飛び出た！

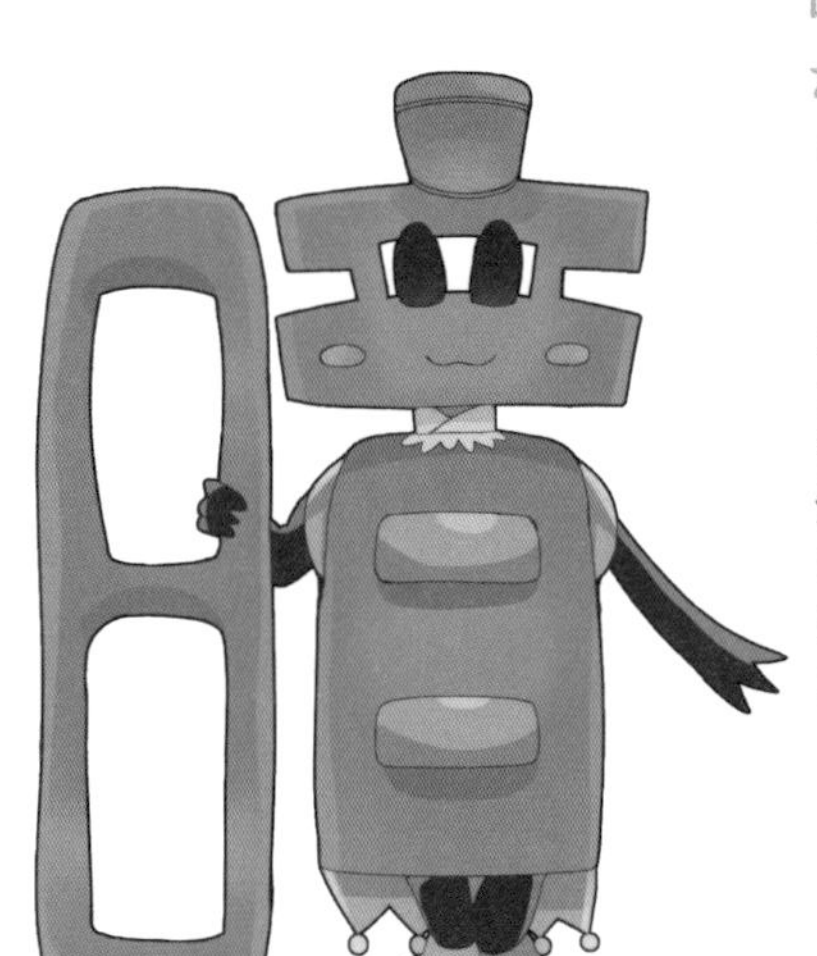

名前 くらやみのアン

シゼーン国ヒツキ島の島民。夜暗くなってから仕事をする。暗記と暗算が得意。

服

8画

服 服

訓 ――
音 フク

いみ

①服。②自分のものにする。③したがう。④薬などを飲む。

ことばのれい

服用、不服、洋服、和服

れい文

洋服を着てかぜ薬を服用しました。

名前 しゃれおつフーク

シゼーン国のヒツキ島一のおしゃれと、自分では思っている。たくさんの服を持ち歩いている。

期

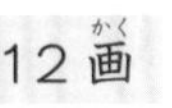

12画

期 期 期 期

訓 ――
音 キ

いみ

①ある決められた時間。②あてにして、待つ。

ことばのれい

期間、期日、期待、学期、時期、定期

れい文

新しい学期に新しい出会いを期待してるの。

名前 キーちゃん

シゼーン国のヒツキ島のこよみ（カレンダー）係。夏休み期間と年末の時期はとてもいそがしいらしい。

カンジュウにちょうせん！16

矢印の方向に読むと、漢字二字の言葉ができるように、□に漢字を入れよう。

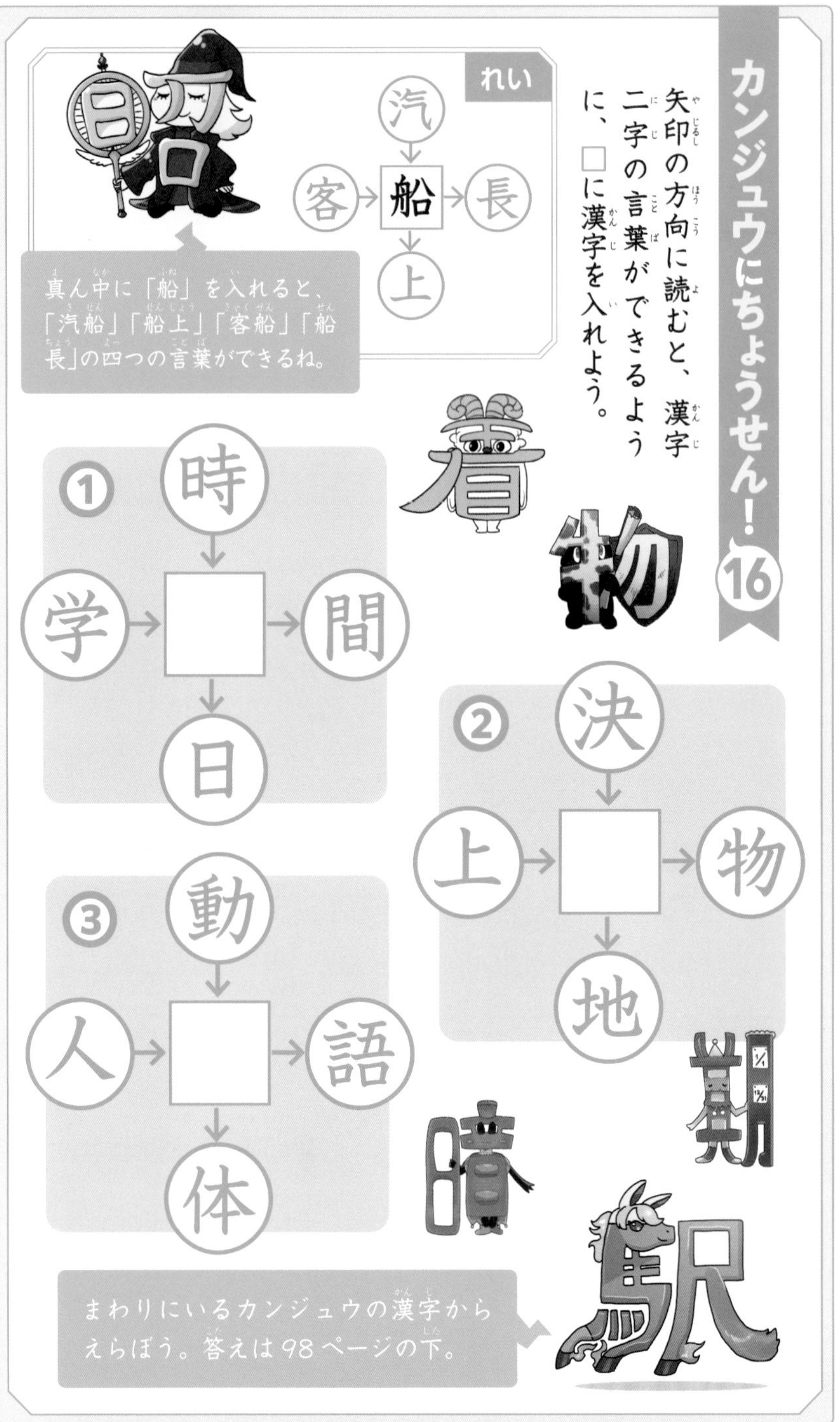

れい
汽
客
船
長
上
真ん中に「船」を入れると、「汽船」「船上」「客船」「船長」の四つの言葉ができるね。
①
時
学
間
日
②
決
上
物
地
③
動
人
語
体
まわりにいるカンジュウの漢字からえらぼう。答えは98ページの下。

4章

カオク国、ヒナビタ国、ミール国、モノモノ国、漢字神殿のなかまたち

場所や物などに関係する部首の漢字

安

6画

丶 丷 宀 宄 安 安

音 アン
訓 やす（い）

いみ
①おだやか。安らか。②かんたんな。落ち着いている。③値段が安い。など。

ことばのれい
安心、安全、安定、不安、安売り、目安

れい文
安全、安心
これがモットーさ！

名前 ヤッスアン

カオク国のウカンムリ組の大工。安い料金でも安定した仕事をするので信用されている。

守

6画

丶 丷 宀 宀 守 守

音 シュ・ス
訓 まも（る）

いみ
①守る。②地位。③子どもの世話をする。など。

ことばのれい
守備、死守、守り神、お守り

なりたち
宀は屋根、寸は手を表しているのだ。

名前 マモルとうりょう

カオク国のウカンムリ組の大工のとうりょう。約束は絶対に守るのがモットー。

【カンジュウにちょうせん！⑯の答え】①期　②着　③物

実

８画

音 ジツ

訓 み　みの（る）

いみ

①いっぱいになる。②中身。③草や木の実。④本当の。⑤真心。など。

ことばのれい

実家、実感、実験、実行、真実、無実

れい文

実りの多い仕事だと実感してるよ。

名前 ジツミー

カオク国ウカンムリ組のメンバー。まじめな性格で、実直な仕事をする。好物は木の実。

定

８画

音 ジョウ・テイ

訓 さだ（まる）　さだ（める）

いみ

①定める。決める。②決まっている。③思った通り。など。

ことばのれい

定員、定休日、定食、安定、決定、指定

れい文

定められた通りに定員三名のベンチを作るよ。

名前 ジョウティー

カオク国ウカンムリ組の大工。なじみのカフェでユーカリ定食を食べるのが定休日の楽しみ。

客

9画

丶 丷 宀 宂 夕 夂 客 客 客

音 キャク
訓 —

いみ
①たずねてくる人。②お金をはらって物を買ったり、利用したりする人。など。

ことばのれい
客室、客車、客船、乗客、来客

れい文
きみは客船で来た？汽車の客車で来た？

名前 キャクリン

カオク国にあるヤドベエ〈宿〉の宿屋の客室係。お客のもてなしは超一流。

宮

10画

丶 丷 宀 宀 宁 宁 宁 宮 宮 宮

音 キュウ
訓 みや

いみ
①立派な建物。②天皇の住まい。③神社。など。

ことばのれい
宮中、宮でん、王宮、宮まいり

れい文
宮まいりは赤ちゃんが生まれて一カ月ごろの行事。

名前 ミヤさん

カオク国のウカンムリ組の大工。神社づくり担当。夢は宮でんのような家を建てること。

宿

11画

音 シュク

訓 やど・やど（す）
やど（る）

いみ

①とまる。②ずっと前からの。ずっと前から決まっていて変えることができない。など。

ことばのれい

宿題、宿場、宿命、合宿、野宿、宿屋

おぼえかた

屋根（宀）でイーと百回言って宿にとまる。

名前 宿屋のヤドベエ

カオク国で宿屋を経営している。きちょうめんで、夏休みの宿題は七月中に終わらせるタイプ。

寒

12画

音 カン

訓 さむ（い）

いみ

①寒い。②さびしい。③心細くなる。など。

ことばのれい

寒村、寒中、寒風、寒気

れい文

ブルブル。寒風がふく中寒気がしますね。

名前 カンサムさん

カオク国の冬のせいれい。実は寒がりで、いつも厚着をしている。ウカンムリ組と仲良し。

9画

丶 亠 广 广 庐 庐 庐 庐 度

音 ド

訓 ―

いみ

①ものさし。長さをはかるもの。②はかる。③数で表す単位。④回数。⑤ほどあい。など。

ことばのれい

度数、温度、角度、速度、態度、分度器

なりたち

又は手を表していて、度はもともと手を広げてはかるという意味ですぞ。

名前 ハカルドー

カオク国のマダレ組の設計士。分度器で角度をはかって家の設計をする。

おぼえかた

車庫にあるのは、まあ、だれ（广）の車？

10画

丶 亠 广 广 庐 庐 庐 庐 庐 庫

訓 ―

音 コ

いみ

くら。物を入れておく場所や建物。

ことばのれい

金庫、車庫、倉庫、文庫

名前 クラコ

カオク国のマダレ組の大工。がんじょうな車庫や倉庫をつくってくれる。

れい文

きみの庭を最高の庭園にするよ。

庭

10画

音 テイ

訓 にわ

いみ

①庭。②家の中。

ことばのれい

庭園、家庭、校庭、箱庭

名前 庭づくりのテイテイ

カオク国のマダレ組のメンバー。庭づくり担当。箱庭づくりがしゅ味。

所

8画

音 ショ

訓 ところ

いみ

①所。②ある仕事のために作られた所。など。

ことばのれい

急所、近所、短所、長所、場所、台所

なりたち

斤はおの。もとは木をおので切るという意味だったぞ。

名前 トコロ・ショー

カオク国のさすらいの大工。いろんな場所に現れて、手に持ったおので何でも作る。

開

12画

丨 冂 冂 冂 冂 門 門 門 閂 閂 開 開

音　カイ

訓　あ（く）・あ（ける）　ひら（く）・ひら（ける）

いみ

①開く。開く。②始める。③荒れ地を切り開く。など。

ことばのれい

開花、開業、開店、開発、公開、再開

れい文

国宝の公開を再開します。

名前　ヒラーク

カオク国の城の門番。花好きで、毎年さくらの開花を楽しみにしている。

区

4画

一 フ ヌ 区

音　ク

訓　—

いみ

細かく区切る。区切り。など。

ことばのれい

区間、区分、地区

れい文

わたしの住む地区はたくさんのへいで区切られています。

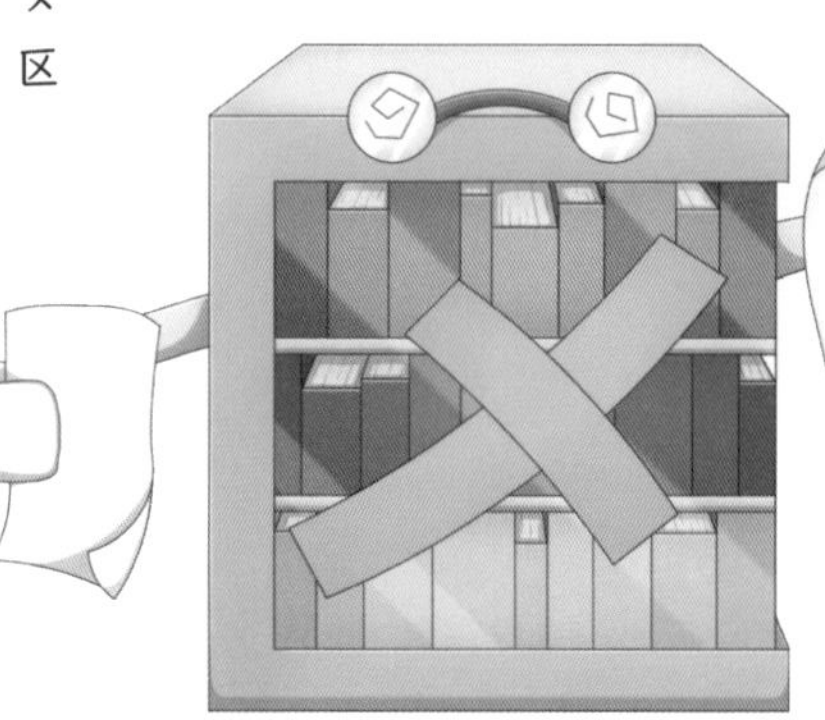

名前　クーマジメ

カオク国の城ではたらく。細かく区切ったたなに物を区分して置いている。

7画

音 イ

訓 —

いみ

①病気やけがを治す。

②病気を治す人。

ことばのれい

医院、医学、医者、じゅう医

おぼえかた

医者のはこ（匚）の中には矢があるのだ。

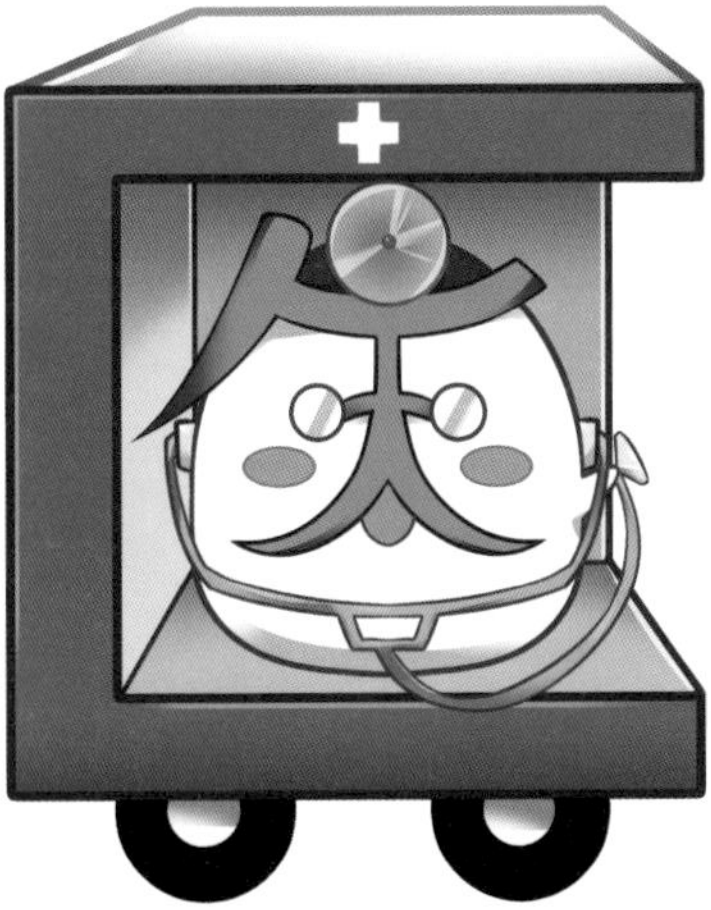

名前 イーシ

イーン院長〈院〉の病院ではたらく医者。カオク国出身。動物の病気をみるじゅう医でもある。

10画

音 イン

訓 —

いみ

かき根をめぐらした建物。など。

ことばのれい

院長、寺院、入院、病院

おぼえかた

院の足し算は阝＋宀＋元です。

名前 イーン院長

ヒナビタ国の病院の院長。入院かん者にやさしくがモットー。しゅ味は寺院めぐり。

12画

音 カイ

訓 ―

いみ

①段々。②建物の階そう。③身分の上下。

ことばのれい

階級、階段、段階

おぼえかた

階は阝って ヒヒッ（比）、白いね！ とおぼえて。

名前 カイダンダン

ヒナビタ国にある高いビルの十階に住んでいる。階段そうじが仕事。お化けの話が好き。

12画

音 ヨウ

訓 ―

いみ

①日の光。日。など。②日の当たる所。

ことばのれい

陽気、太陽

なりたち

もともとは日の当たるおかを意味する漢字だったぜ！

名前 ヨーヨー

ヒナビタ国の陽気なサーファー。太陽のような笑顔で大波を乗りこえる。

カンジュウにちょうせん！17

●に入る漢字の部分は何かな？　下のカードから選ぼう。

①
宀●
心

②
宀●
船

③
王
宀●

④
車
广●

⑤
匸●
者

⑥
匸●
間

呂

矢

車

女

各

メ

まず、それぞれどんな言葉ができるのか考えよう。答えは108ページの下。

都

11画

一 十 土 耂 耂 者 者 者 者3 者阝 都

訓 みやこ
音 ツ・ト

いみ

①都。国の政治の中心。②大きな町。③東京都のこと。など。

ことばのれい

都合、都会、都市、都道府県、首都

なりたち

都とは者（多く集まる）と阝（村）で「人が多く集まるまち」の意味だ。

名前 ミヤコット

ヒナビタ国の住民。大都市に住んで都会生活を楽しんでいる。

部

11画

丶 亠 亠 立 立 音 音 音 音3 部 部

訓 ―
音 ブ

いみ

①区分けしたもの。②本や新聞などを数える言葉。など。

ことばのれい

部下、部数、部品、部分、一部、全部

れい文

印刷機械の部品がこわれた！三部しか印刷してないのに！

名前 ブブー

ヒナビタ国で新聞を発行している。部下がいないので、取材から印刷まで全部自分でやっている。

【カンジュウにちょうせん！⑰の答え】①女（安心）②各（客船）③呂（王宮）④車（車庫）⑤矢（医者）⑥メ（区間）

重

9画

一 二 六 百 百 亘 重 重 重

音 ジュウ・チョウ

訓 え・おも（い） かさ（ねる） かさ（なる）

れい文

おべんとうの重箱を持って八重桜を見に行こう。

いみ

①目方が重い。②大事にする。③大じかけな。④重々しい。⑤ひどい。⑥重ねる。など。

ことばのれい

重大、重点、重箱、重量、慎重、体重

名前 チョージュウ

ヒナビタ国の住民。力持ちでどんなに重い物もらくらく運ぶ。意外に慎重派。

申

5画

丨 冂 日 日 申

音 ―

訓 もう（す）

いみ

①目上の人に言う。②十二支の九番目（さる）。など。

ことばのれい

申し上げる、申しこむ

なりたち

もとは雷の稲光が走る様子をえがいた字だって。カッコいいね！

名前 モーシッキー

ヒナビタ国のカイ王〈界〉に仕えている。雑誌の読者プレゼントに申しこむのがしゅ味。

由

5画

丨 冂 巾 由 由

訓 —

音 ユ・ユウ

いみ

①わけ。②したがう。③～というわけで。

ことばのれい

由来、自由、理由

なりたち

由の由来は、お酒をつくる竹かごの形だとか。

名前 ユーユウ

ヒナビタ国の田んぼではたらく。自由な発想で作られた米は世界中で大ひょうばん。

界

9画

丨 冂 田 田 田 甲 畀 界 界

訓 —

音 カイ

なりたち

もとは田んぼを区切って分けた境の意味だそうじゃ。

いみ

①さかい。区切り。②あるはんいの中。

ことばのれい

境界、業界、限界、世界

名前 カイ王

ヒナビタ国の王。野心家で、ヒナビタ国の農作物の世界進出を目指している。

9画

音 —

訓 はた、はたけ

いみ

畑。田んぼのように水をはらずに作物を作る場所。

ことばのれい

畑作、田畑、茶畑、花畑

日本にしかない漢字。中国では田んぼも畑も田と書くよ。

名前 ハタケさん

ヒナビタ国で畑作をしている。大根などの野菜を作っているが、新しく花畑も作ろうと思っている。

9画

音 ビョウ

訓 —

いみ

①時間などの単位。
②ほんのわずか。

ことばのれい

秒針、秒速

なりたち

いね（禾）と少ないを合わせて、わずかの意味を表しています。

名前 ビョーソック

ヒナビタ国の田んぼではたらいている。秒速の速さでいねかりをすることができる。

7画

一　丆　丆　戸　戸　戸　豆　豆

音　ズ・トウ
訓　まめ

いみ

①豆。
②小さい物。

ことばのれい

豆ふ、大豆、豆本

なりたち

もとは食べ物をもるうつわを表す漢字だったんだって。

名前 オマメサン

ヒナビタ国の豆作り農家。まめまめしくはたらき、おいしい大豆やえんどう豆を作っている。

カンジュウにちょうせん！18

右と左の部分を組み合わせて、漢字を三つ作ろう。

右	左
少	火
田	者
卩	禾

ここまでに出てきた漢字を作るよ。答えは114ページの下。

なりたち

欠は口を大きく開けた人を表しているよ。

12画

ノ 𠆢 亽 今 今 今 飠 飠 飠 飣 飲 飲

音 イン

訓 の(む)

いみ

飲む。飲み物。

ことばのれい

飲食、飲料、飲み水、飲み物

名前 インリョー

ミール国のレストランでウェイターをしている。お客さんに素早く飲み物を配る。炭さん飲料が大好き。

館

16画

ノ 𠆢 亽 今 今 今 飠 飠 飠 飠 飠 飣 飣 館 館 館

音 カン

訓 やかた

いみ

大きな建物。など。

ことばのれい

館長、開館、休館、図書館、洋館、旅館

れい文

この国に旅館はないぞ。わが館にとまりたまえ。

名前 ヤカタさま

ミール国にある洋館・ミール館のあるじ。館の中にある図書館の館長もしている。礼ぎにとてもきびしい。

酒

10画

丶 冫 氵 汀 汀 沂 沔 洒 洒 酒

音 シュ

訓 さけ・さか

いみ

酒。

ことばのれい

飲酒、清酒、日本酒、洋酒、酒場、酒屋

れい文

日本酒は清酒とも言います。

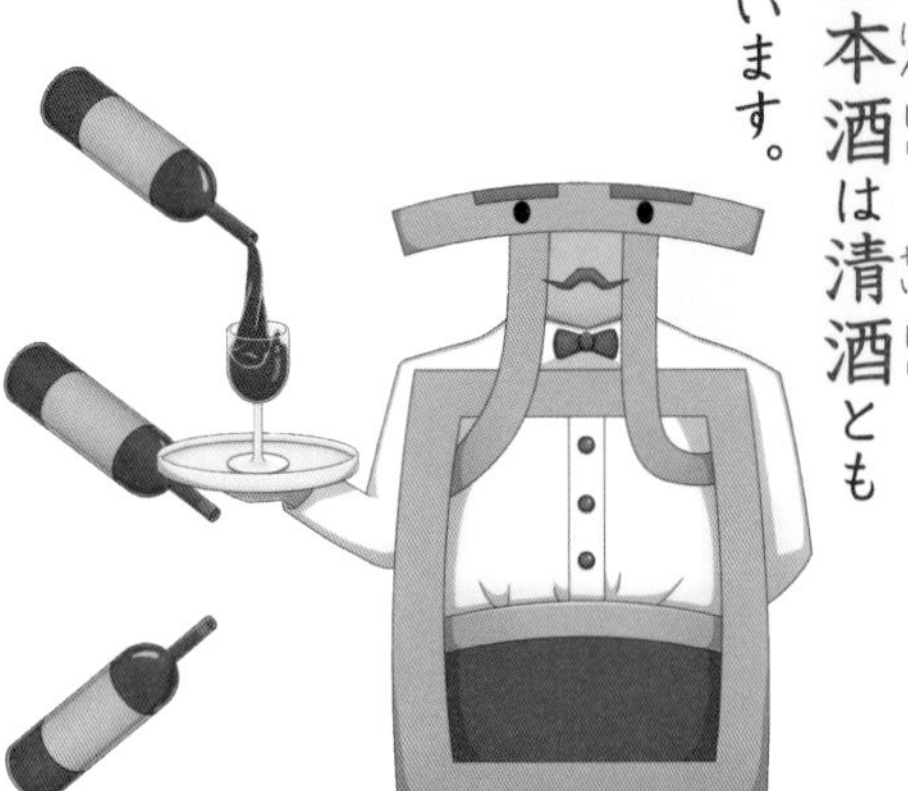

名前 サカーシュ

ミール国のレストランでソムリエをしている。いつもきげんよく酒によっている。

配

10画

一 厂 冂 丙 两 酉 酉 酊 酊 配

音 ハイ

訓 くば(る)

いみ

①配る。②組み合わせる。③したがえる。など。

ことばのれい

配下、配達、気配、心配、手配、気配り

れい文

ムッ、お客の来る気配！早速、皿を配りましょう。

名前 クバリー

ミール国のレストランのウェイター。酒を配る手なみはチョー一流。心配しょうで、気配り上手。

【カンジュウにちょうせん！⑱の答え】できる漢字は、「都」「畑」「秒」

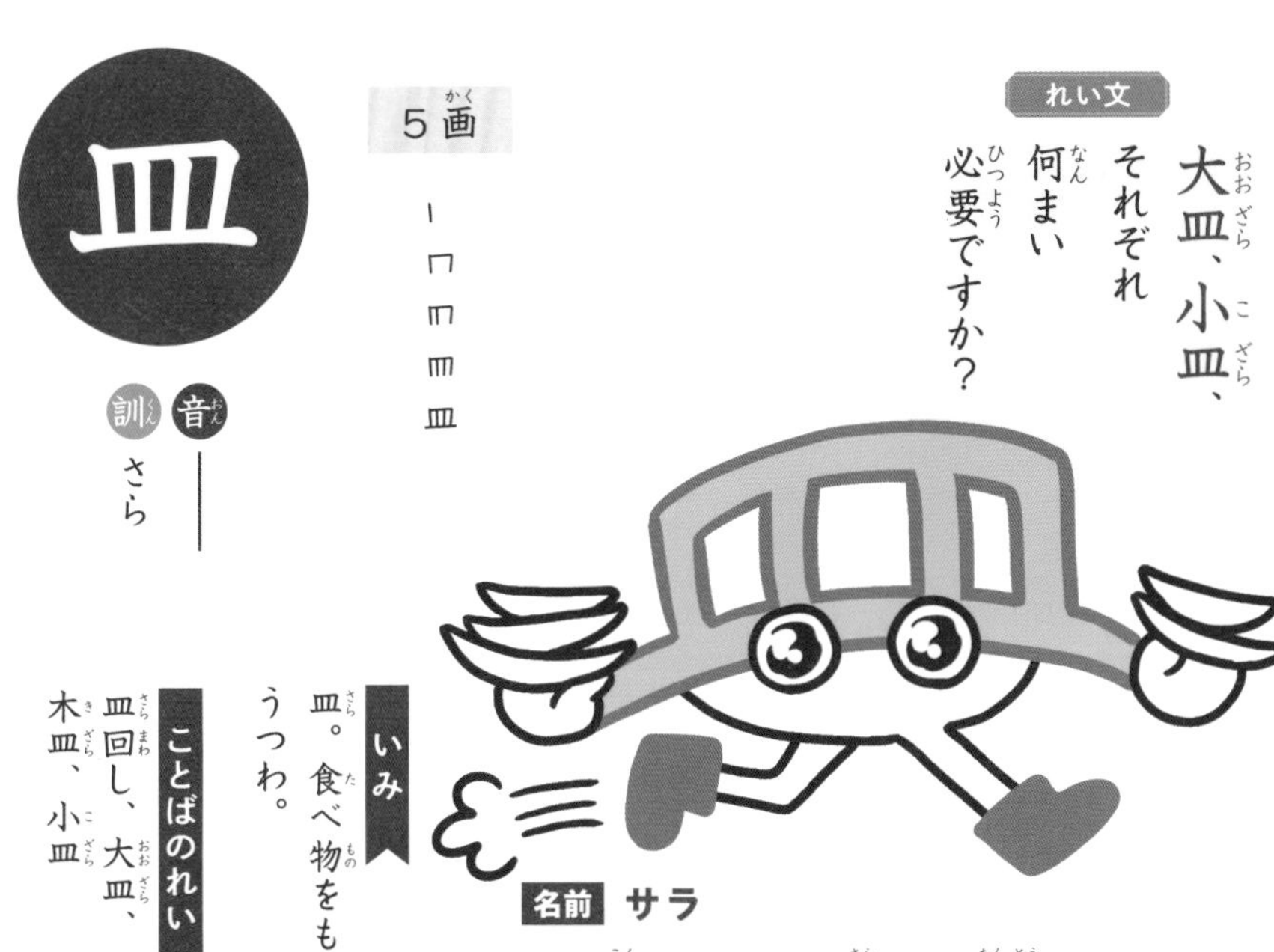

ミール国のレストランの皿あらい担当。たくさんの皿を素早くあらう。皿回しがひそかな特技。

カンジュウにちょうせん！19

□に漢字を入れて、矢印の方向に読める漢字二字の言葉を作り、漢字のパズルを完成させよう。

	休
洋	❶
飲 ❷	

- 休 → ❶、洋 → ❶（❶ は 休 の下）
- 洋 → ❷、飲 → ❷（❷ は 洋 の下）

まわりにいるカンジュウの漢字から選ぼう。答えは116ページの下。

9画

音 キュウ

訓 ―

いみ

①位。順位。
②学校のクラス。

ことばのれい

級友、階級、学級会、上級生、同級生

れい文

上級生とも同級生とも仲良くね。

名前 キュー先生

モノモノ国の学校の先生。学級会が長い。オワリちゃん〈終〉とは学校の同級生だった。

おぼえかた

糸作りは冬に終わります。

11画

音 シュウ

訓 お（える）
お（わる）

いみ

①終わる。②終わりまで。など。

ことばのれい

終日、終着駅、終点、最終回

名前 オワリちゃん

モノモノ国の学校の先生。終日、つまり丸一日、クラスのことを考えている。

【カンジュウにちょうせん！ ⑲の答え】❶館（休館、洋館）　❷酒（洋酒、飲酒）

14画

く 幺 幺 糸 糸 糸 紀 紀 紀 紀 紀 紀 緑 緑

音 リョク
訓 みどり

いみ
緑、緑色。

ことばのれい
緑地、緑茶、新緑

れい文
南の緑地で新緑の景色をかきましょう。

名前 ミドリ先生

モノモノ国の学校の先生。図工を教えている。緑色が好きで、飲み物はもちろん緑茶。

練

14画

く 幺 幺 糸 糸 糸 紅 紅 紅 紅 紅 紳 練 練

音 レン
訓 ね（る）

いみ
①練る。
②きたえる。

ことばのれい
練習、練炭、修練、試練

おぼえかた
糸を東で練るとおぼえましょう。

名前 レンネー先生

モノモノ国の学校の先生。いつも新しい遊びのアイデアを練っている。

11画

丨 冂 巾 巾ー 巾𠂉 巾F 巾E 巾巨 帳 帳 帳

音 チョウ

訓 ―

いみ

①たれ下がったまく。カーテン。②ノート。

ことばのれい

帳消し、帳面、通帳、手帳

れい文

手帳に書いた約束は帳消しにして。

名前 文具屋のチョウさん

モノモノ国で文具屋をやっている。銀行の通帳を見るのが好き。

8画

一 十 キ 圭 丰 耂 表 表

音 ヒョウ

訓 あらわ（す）
あらわ（れる）
おもて

いみ

①表。外がわ。②表に立つ。表に出す。③一目でわかるように書いたもの。など。

ことばのれい

表紙、代表、地表、発表、表側

なりたち

もとは毛皮の上着という意味だったよ。

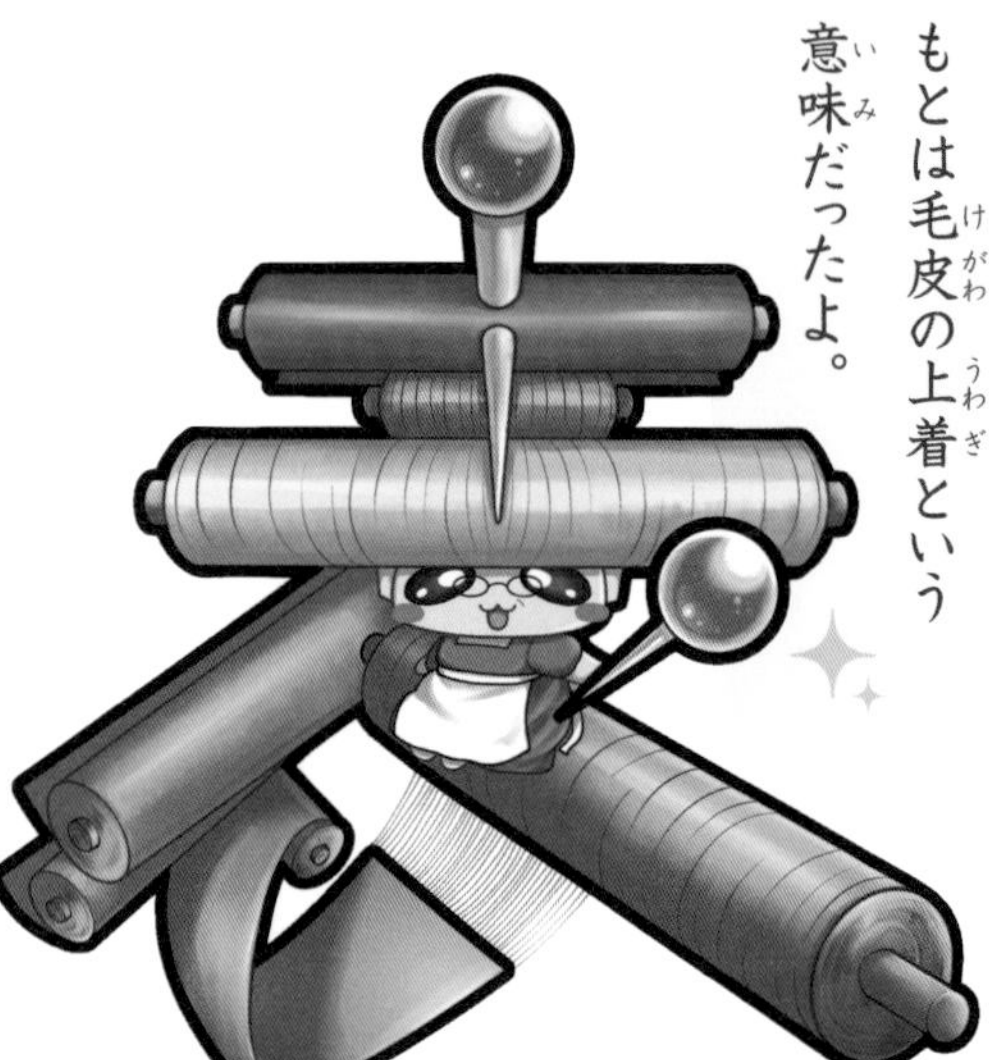

名前 オモヒョー

モノモノ国を代表する布おり名人。布の表面に美しいもようを入れて作る。

転

11画

一 丆 冂 冃 百 亘 車 軒 転 転 転

音 テン

訓 ころ(がる) ころ(がす) ころ(げる) ころ(ぶ)

いみ

①転がる。②転ぶ。③方向を変える。④うつり変わる。など。

ことばのれい

転校、転送、転落、運転、回転、自転車

れい文

逆立ちで自転車を運転しますよ！

名前 回転のコロテン

モノモノ国のサーカス団員。回転わざが得意。小さいころは転校が多かった。

軽

12画

一 丆 冂 冃 百 亘 車 軻 軽 軽 軽 軽

音 ケイ

訓 かる(い)

いみ

①軽い。②かんたん。手軽。③身が軽い。など。

ことばのれい

軽食、軽口、気軽、手軽、身軽

れい文

軽食を食べながら気軽に見てね。

名前 軽わざのケイカル

モノモノ国のサーカス団員。コロテン〈転〉とコンビで身軽に軽わざを見せる。

11画

一 T F 王 玗 玗 玗 球 球 球 球

音 キュウ
訓 たま

いみ

①球。球のような形をした物。
②ボール。など。

ことばのれい

球根、球場、気球、地球、電球、野球

れい文

球場で野球を見るのが好き。

名前 キュウタマン

モノモノ国の宝石商人。地球上にある宝石は全て売っている。気球に乗って旅するのが将来のゆめ。

9画

ノ ク 个 各 角 角 負 負 負

音 フ
訓 お(う)
ま(かす)
ま(ける)

いみ

①せ負う。②負ける。③たのみとする。など。

ことばのれい

負傷、負担、勝負

おぼえかた

クッ、貝に負けた…。とおぼえて。

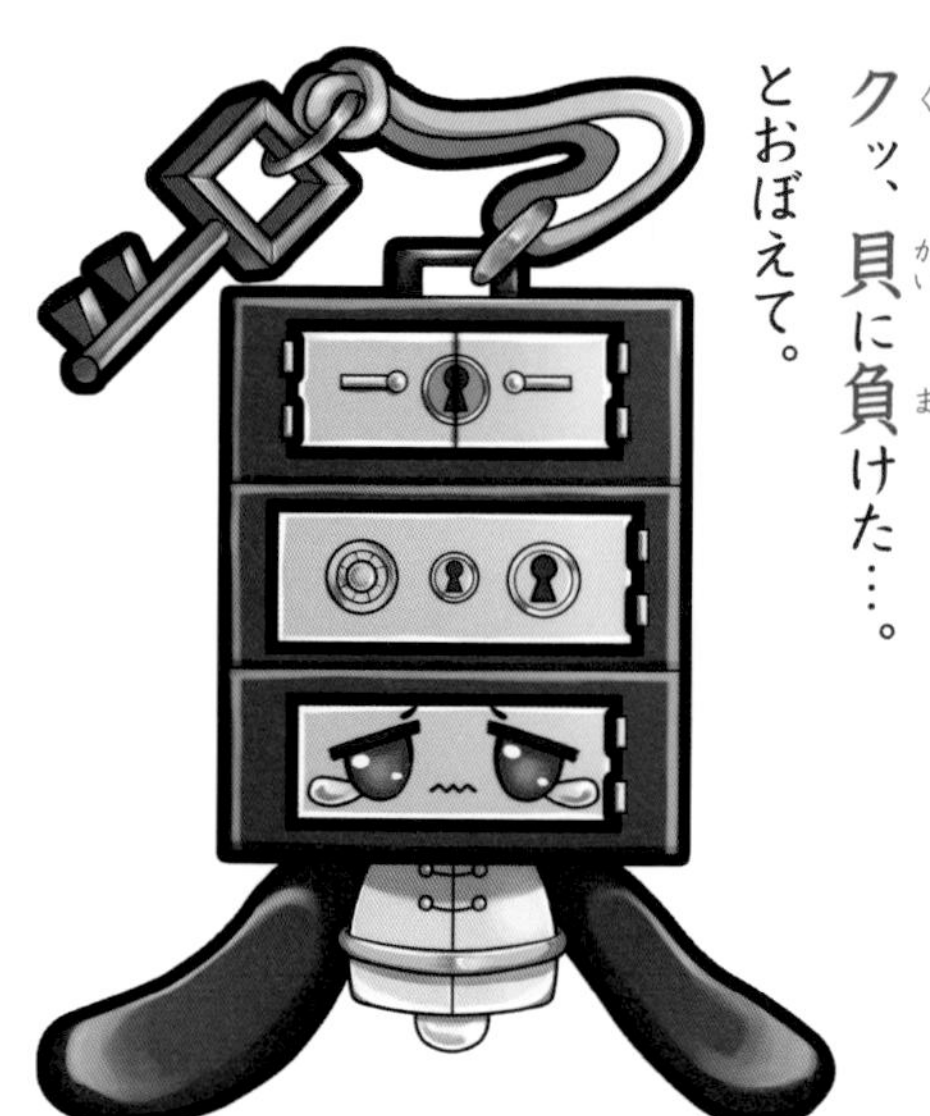

名前 金庫番のフーマ

モノモノ国の城の金庫番。勝負事が好きだけど、いつも負ける。

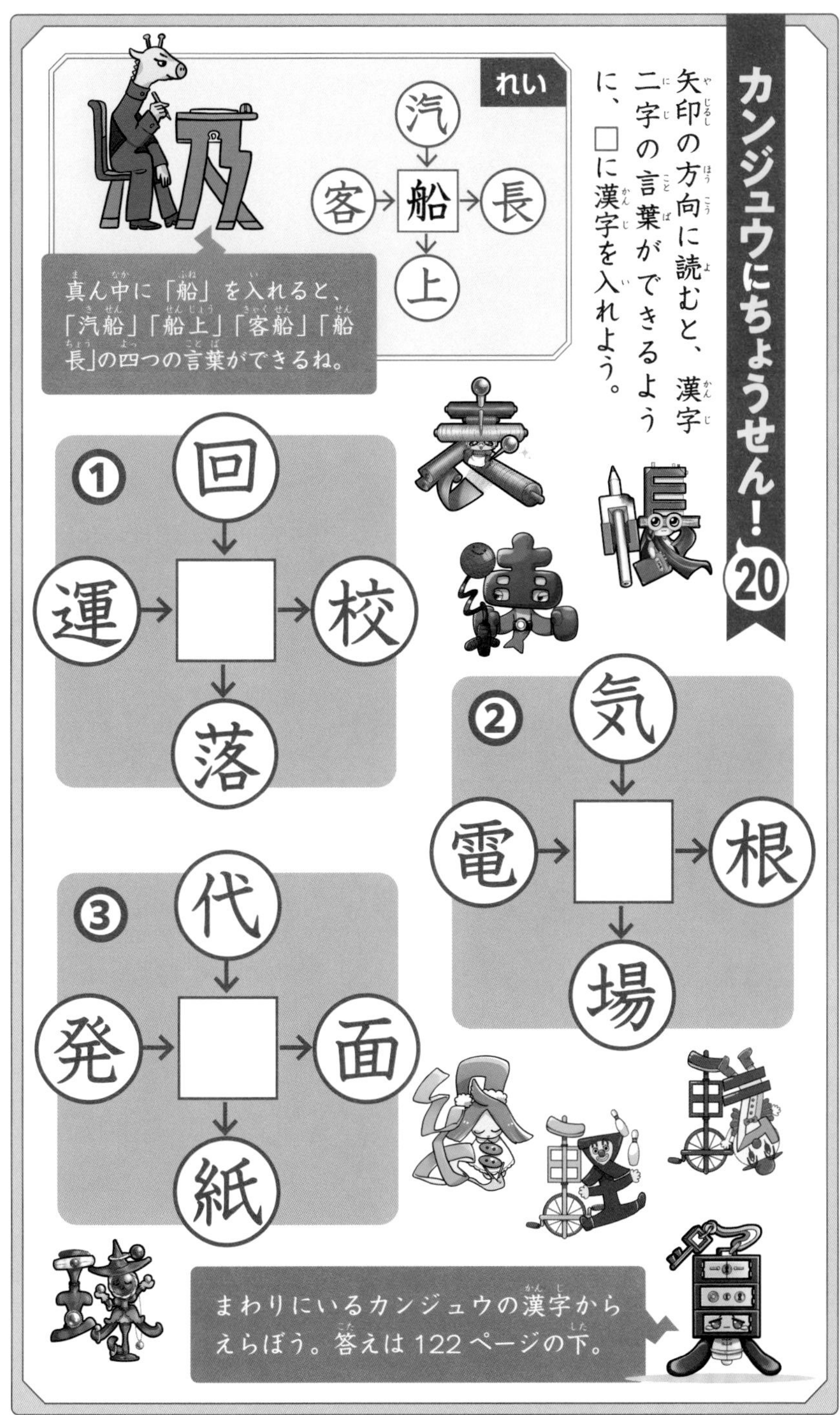
カンジュウにちょうせん！20
矢印の方向に読むと、漢字二字の言葉ができるように、□に漢字を入れよう。
れい
汽
客 → 船 → 長
上
真ん中に「船」を入れると、「汽船」「船上」「客船」「船長」の四つの言葉ができるね。
①
回
運 → □ → 校
落
②
気
電 → □ → 根
場
③
代
発 → □ → 面
紙
まわりにいるカンジュウの漢字からえらぼう。答えは122ページの下。

式

6画

一 二 亍 工 式 式

訓 ―

音 シキ

いみ

①決まり。やり方。②決まった形でやる行事。③算数の式。

ことばのれい

式場、開会式、形式、数式、正式、入学式

れい文

入学式が終われば正式にわが校の学生ですよ。

名前 シキシダイ

モノモノ国の算数の先生。新入生の入ってくる入学式を楽しみにしている。

列

なりたち

列はもともと、「ほねをバラバラに切り分けてならべる」ことを表しているのだ。

6画

一 ア 歹 歹 列 列

訓 ―

音 レツ

いみ

①ならべる。②ならび。③多くの。④順序。

ことばのれい

列車、列島、行列、整列

名前 戦士・レツ

モノモノ国の戦士。グルメで行列のできる店によくならんでいる。列車の旅も好き。

【カンジュウにちょうせん！ ⑳の答え】 ①転 ②球 ③表

短

12画

ノ ㇐ 𠂉 矢 矢 矢 矢 短 短 短 短 短

音 タン
訓 みじか（い）

いみ
①短い。
②足りない。

ことばのれい
短気、短期、短縮、短所、気短

おぼえかた
矢に豆で短いとおぼえろ。

名前 戦士・ミジカータン

モノモノ国の戦士。弓の名人で短い時間で何本も矢を放てる。短所は短気なところ。

旅

10画

なりたち
もとは、「はたを立てて進む軍隊」という意味だったぞ。

音 リョ
訓 たび

いみ
①旅。旅をする。
②軍隊。

ことばのれい
旅行、旅先、旅立ち、旅人

名前 さすらいのタビト

モノモノ国出身の旅人。旅立ちはいつも朝早い。「立つ鳥あとをにごさず（※）」がモットー。

※旅立つときは、あとをきれいにしておくという意味。

族

11画

丶 亠 方 方 方 方 方 方 旌 族 族

音 ゾク
訓 —

いみ
①身内。②家がら。③仲間。

ことばのれい
家族、貴族、親族、民族

おぼえかた
方ノ一矢で族とおぼえよう。

名前 ゾック

モノモノ国のゾック族のリーダー。責任感が強く、家族や仲間を大切にしている。

礼

5画

丶 ラ ネ ネ 礼

音 レイ
訓 —

いみ
①きちんとした作法。②お礼。③うやまいの気持ちを持ったあいさつ。

ことばのれい
礼ぎ、礼金、礼服、失礼、朝礼

れい文
失礼のないようお礼を言います。

名前 レーイ

漢字神殿の司祭の一人。いつも礼服を着ていて、礼ぎにうるさい。

神

9画

、 ラ ネ ネ ネ 礻 祁 祁 神

音 シン・ジン

訓 かみ

いみ

①神様。②不思議な力。③心。

ことばのれい

神社、神ぴ、神話、精神、神様、神わざ

なりたち

もとは「いなずまのような不思議な自然の力」を表す漢字じゃった。

名前 漢字の神

漢字神殿に住む神様。神ぴの力で漢字の世界を守っている。

祭

11画

ノ ク タ タ タフ 夕又 夕又 夕又 祭 祭 祭

音 サイ

訓 まつ（り）　まつ（る）

いみ

①祭り。②多くの人の集まるにぎやかな行事。

ことばのれい

祭礼、文化祭

れい文

祭礼とは、神社などの祭りのことをいうよ。

名前 マツーサイ

漢字神殿の司祭の一人。明るくてお祭り好き、祭りの日はとてもはり切る。

音　フク
訓　―

13画

、 ラ ネ ネ 礻 礻 礻 礻 福 福 福 福 福

いみ

幸い。幸せ。

ことばのれい

福引き、幸福

おぼえかた

福ってね、ひ・と・く・ち・だ（ネ、一口田）よ！

名前　**フクちゃん**

漢字神殿に住んでいるフクロウ。実は福の神でカンジュウたちに幸運をもたらしている。

カンジュウにちょうせん！ 21

●に入る形を下のカードから選んで、正しい漢字を完成させよう。

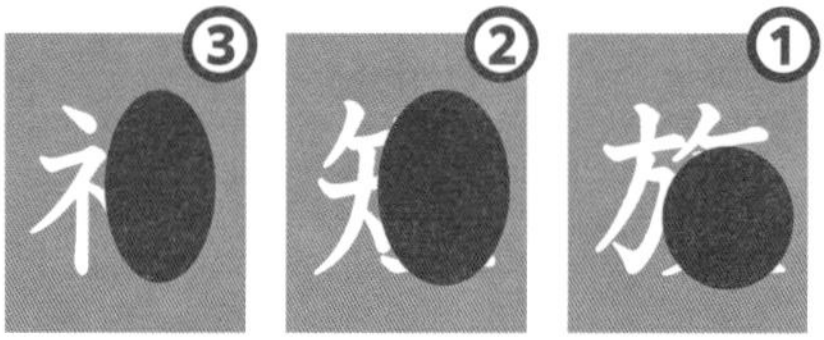

① ② ③

申　矢　豆

ヒントはここまでに出てきた漢字。答えは128ページの下。

5章

ソノータ国のなかまたち

そのほかの部首の漢字

2画

一 丁

音 チョウ
訓 —

いみ
①町の区分に使う言葉。②豆ふやはさみなどを数える言葉。③若者。など。

ことばのれい
一丁目

れい文
小学校では習わないけど「テイ」とも読む。「丁字路」「丁ねい」などの言葉があるよ。

名前 チョーさん

ソノータ国にある町の一丁目にある豆ふ屋さん。毎日百丁の豆ふを作っている。

世

5画

一 十 廿 廿 世

音 セ・セイ
訓 よ

いみ
①世の中。②時代。③人の一代。

ことばのれい
世界、世間、世代、世話

れい文
世界的マジシャンに出世しましたよ！

名前 ヨー三世

ソノータ国のマジシャン。マジシャン一家の三代目。しゅ味は植物のお世話。

【カンジュウにちょうせん！㉑の答え】 ①族（矢を入れる） ②短（豆を入れる） ③神（申を入れる）

6画

音 リョウ
訓 ―

いみ
①二つ。②車を数える言葉。③昔のお金の単位。

ことばのれい
両親、両手、両方、両面、車両、百万両

れい文
両手で汽車の車両をみがきますよ！

名前 リョウさん

ソノータ国のお金持ち。貯金が百万両あるといううわさ。両親といっしょにソノータ国に鉄道をつくろうとしている。

おぼえかた
具の作り方は目＋一＋八さ！

名前 ぐっさん

ソノータ国の家具職人。愛用の道具で作る家具はとてもがんじょうだと大ひょうばん。

8画

丨 冂 冃 月 目 且 具 具

音 グ
訓 ―

いみ
①そなえる。そなわる。②道具。など。

ことばのれい
具合、雨具、家具、工具、道具、文房具

主

5画

、亠亡宇主

音 シュ
訓 おも　ぬし

いみ
①中心となる人。②客をもてなす人。③主な。大切な。など。

ことばのれい
主君、主食、主題歌、主役、店主、家主

れい文
われはこの国の主。すなわち主人である。

名前 ヌシュー王

ソノータ国の王。主に城の外で過ごす。実はアニメの主題歌を歌うのが得意。

9画

一 二 三 ⺷ 乒 乖 乗 乗 乗

音 ジョウ
訓 の（る）　の（せる）

いみ
①乗る。②うまく利用する。③算数のかけ算。

ことばのれい
乗員、乗客、乗車、乗用車、乗り気

れい文
乗用車に乗って仕事に行きます。

名前 ジョーノ

ソノータ国出身の曲芸師。ノリノリな玉乗りパフォーマンスで観客をわかせる。

カンジュウにちょうせん！22

次の［　］の中のカンジュウを二人組み合わせて、漢字二字の言葉を三つ作ろう！

別の章で出てきたカンジュウもいるよ。
答えは 132 ページの下。

予

4画

フ　マ　ヱ　予

訓　—
音　ヨ

いみ
①前もって。②ゆとりを持つ。③えらい人が自分のことを言う言葉。など。

ことばのれい
予感、予言、予想、予定、予報、予約

おぼえかた
マア、予の予言ははずれぬよ。

名前　ヨーゲン

ソノータ国に住む予言者。未来がわかるので、天気予報もお手のもの。

事

8画

一　𠃌　㇐　㇐　㇐　㇐　㇐　事

訓　こと
音　ジ

いみ
①物事。②仕事。③人に仕える。

ことばのれい
事実、悪事、火事、記事、用事、仕事

れい文
アクマーが用事だって？
また悪事をするのか？

名前　ジーコ

ソノータ国の住民。アクマー〈悪〉にだまされて悪い仕事をしたが、すぐに事実がばれ、今は反省している。

【カンジュウにちょうせん！㉒の答え】できる言葉は、「主君（または君主）」「世界」「乗員」

去

5画

一 十 土 去 去

音 キョ・コ
訓 さ（る）

いみ
①取りのぞく。去る。②立ち去る。③時が過ぎ去る。

ことばのれい
去年、過去、消去

おぼえかた
土がムッとして去るんですって。

名前 キョーコ

ソノータ国の住民。過去の記憶はきれいに消去して、ふり返らないタイプ。

写

5画

丶 冖 冖 写 写

音 シャ
訓 うつ（す） うつ（る）

いみ
書き写す。写し取る。など。

ことばのれい
写真、写生、書写

写は昔は寫と書いたよ。画数が多くてかっこいいね！

名前 シャー・シン

ソノータ国に住む写真家見習い。自分の写した写真をながめるのが好き。

平

5画

一 丆 丆 亚 平

音 ヘイ・ビョウ
訓 たい(ら)
ひら

いみ
①平たい。②おだやか。③ふつう。④等しい。など。

ことばのれい
平等、平気、平原、平行、平和、平がな

れい文
この平原では、みんな平等だ。

名前 タイラー

ソノータ国の平原に住み、みんなの平和を守っている。どんなにいそがしくても平気。

幸

8画

一 十 土 去 去 击 圭 幸

音 コウ
訓 さいわ(い)
しあわ(せ)

いみ
①幸せ。②山や海など自然で取れる食べ物。など。

ことばのれい
幸運、幸福、不幸

おぼえかた
土の下は羊じゃないよ！注意してね！
横棒は二本！

名前 さっちゃん

ソノータ国の平原に住む、幸せのせいれい。みんなの幸福をいのっている。

これで全てのキャラのしょうかいは終わり！

カンジュウにちょうせん！ 23

●に入る部分を下のカードから選んで漢字を完成させよう。

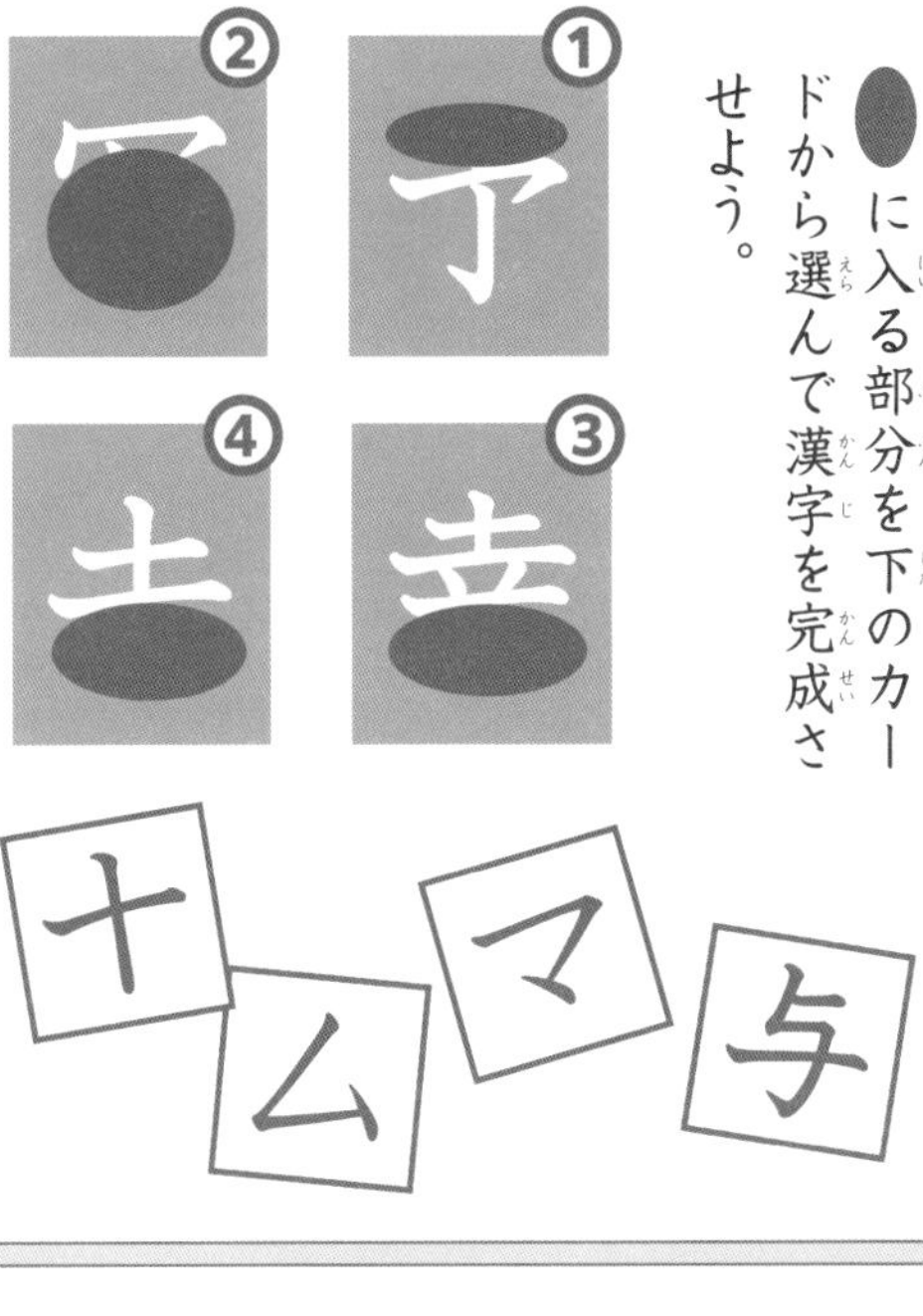

① ②　③ ④

十　ム　マ　与

ヒントはここまでに出てきた漢字。答えは136ページの下。

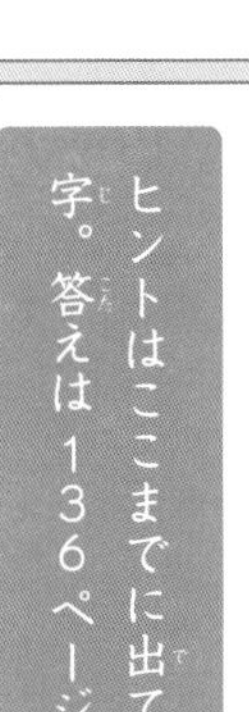

【カンジュウにちょうせん！㉓の答(こた)え】
①「マ」を入れて「予」　②「与」を入れて「写」　③「十」を入れて「幸」　④「ム」を入れて「去」

き

く

け

こ

さ

し

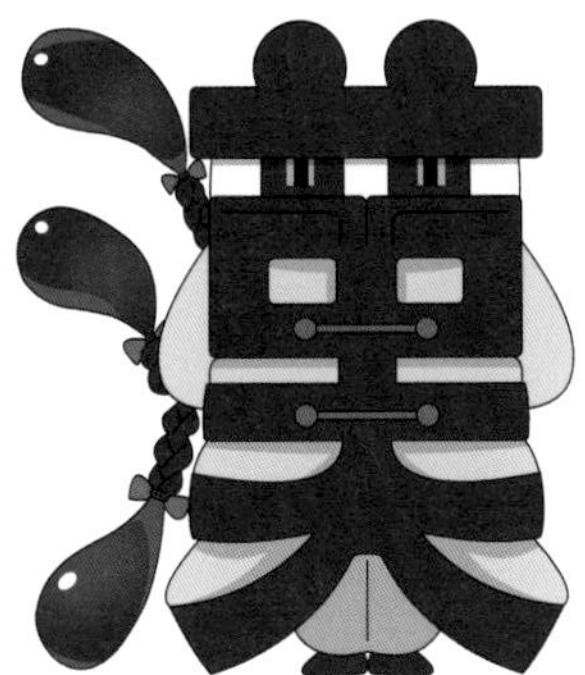

おもな参考文献

『新レインボー小学漢字辞典 改訂第６版』加納喜光監修 Gakken
『チャレンジ小学漢字辞典 カラー版 第２版』桑原隆監修 ベネッセコーポレーション
『例解学習漢字辞典 第九版』藤堂明保、深谷圭助、白坂洋一、山本真吾編 小学館
『大漢和辞典 修訂増補』諸橋轍次、鎌田正、米山寅太郎著 大修館書店
『漢字源 改訂第六版』藤堂明保、松本昭、竹田晃、加納喜光 Gakken
『普及版 新訂字統』白川静　平凡社

監修

青木伸生

筑波大学附属小学校国語教育研究部教諭。全国国語授業研究会会長。教育出版国語教育編著者。日本国語教育学会常任理事。筑波大学非常勤講師。著書に『青木伸生の国語授業 3ステップで深い学びを実現！　思考と表現の枠組みをつくるフレームリーディング』『青木伸生の国語授業 フレームリーディングで文学の授業づくり』『青木伸生の国語授業 フレームリーディングで説明文の授業づくり』『基幹学力をはぐくむ「言語力」の授業』（いずれも明治図書出版）、共著に『個別最適な学びに生きる フレームリーディングの国語授業』（東洋館出版社）ほか多数。

ストーリー・カンジュウキャラクター原案
太田守信

カンジュウキャラクターイラスト
紅宮くく　アビスちはる　犬桜はる　UguisuAnn　海老本くん
鬼ィ〜。　obobo　蛙ノ碧　かげ　かるちぃ　GooDMaN ヤマダ
GOMES　才田咲良　西瓜斎　千切りれたす　ソルネ
DOUKASEN　冬三ゆあん　白米たきナ　はねず　yanagi
（あいうえお順）

カンジュウキャラクターイラスト協力
株式会社サイドランチ

漢字の世界地図イラスト
チョッちゃん

校閲　若杉穂高
ブックデザイン　ムシカゴグラフィクス こどもの本デザイン室
本文レイアウト　阿部ともみ（ESSSand）
編集デスク　野村美絵
編集　大宮耕一

漢字の国の大ぼうけん

キャラとクイズで漢字を楽しくおぼえる本 三年生

2024年 3月30日 第1刷発行

監　修 青木伸生
編　著 朝日新聞出版
発行者 片桐圭子
発行所 朝日新聞出版
〒104-8011
東京都中央区築地5-3-2
電話 03-5541-8833（編集）
03-5540-7793（販売）
印刷所 大日本印刷株式会社

Published in Japan by Asahi Shimbun Publication Inc.
ISBN 978-4-02-332326-1

定価はカバーに表示してあります。

落丁・乱丁の場合は弊社業務部（03-5540-7800）へご連絡ください。
送料弊社負担にてお取り替えいたします。